DIALÉTICA MARXISTA, DIALÉTICA HEGELIANA: A PRODUÇÃO CAPITALISTA COMO CIRCULAÇÃO SIMPLES

APÊNDICE: DIALÉTICA, ESTRUTURALISMO, PRÉ(PÓS)-ESTRUTURALISMO

Coleção
OFICINA DE FILOSOFIA

DIREÇÃO MARILENA CHAUI

Ruy Fausto

*Dialética Marxista,
Dialética Hegeliana:
a produção capitalista
como produção simples*

*Apêndice:
dialética, estruturalismo,
(pré)pós-estruturalismo*

PAZ E TERRA

brasiliense

Copyright © by Ruy Fausto, 1997

Nenhuma parte desta publicação pode ser gravada, armazenada em sistemas eletrônicos, fotocopiada, reproduzida por meios mecânicos ou outros quaisquer sem a autorização prévia da editora.

Coordenação editorial: Floriano Jonas Cesar
Preparação e revisão: José Teixeira Neto e Adriana Dalla Ono
Projeto gráfico: Carlos das Neves
Capa: Ana Basaglia
Editoração eletrônica: Guilherme Rodrigues Neto
Produção: discurso editorial

Dados Internacionais de Catalogação na Publicação (CIP)
(Câmara Brasileira do Livro, SP, Brasil)

Fausto, Ruy,
   Dialética marxista, dialética hegeliana: a produção capitalista como circulação simples / Ruy Fausto. – Rio de Janeiro: Paz e Terra; São Paulo: Brasiliense, 1997. – (Oficina de Filosofia)

   Bibliografia.
   ISBN 85-219-C254-9 (Paz e Terra) –
   ISBN 85-11-0254-9 (Brasiliense)

   1. Capitalismo 2. Dialética 3. Hegel, Georg Wilhelm Friedrich, 1770-1831 4. Lógica 5. Marx, Karl, 1818-1883 6. Valor (Economia) I. Título. II. Série

97-0425   CDD-160

Índices para catálogo sistemático:
   1. Dialética: Lógica 160
   2. Lógica Dialética: Filosofia 160

EDITORA PAZ E TERRA S.A.
Rua do Triunfo, 177
01212-010 — São Paulo — SP
Tel.: (011) 223-6522
Rua Dias Ferreira n.º 417 — Loja Parte
22431-050 — Rio de Janeiro-RJ
Tel.: (021) 259-8946

EDITORA BRASILIENSE S.A.
Rua Barão de Itapetininga, 93, 11º a.
01042-908 – São Paulo – SP
Tel. (011) 258-7344
Fax (011) 258-7923
Filiada à ABDR

Oficina de Filosofia
MARILENA CHAUI

NOS últimos decênios, cresceram no Brasil tanto a produção de trabalhos em filosofia quanto o interesse – profissional ou não – dos leitores de filosofia. Certamente, do lado acadêmico, o desenvolvimento dos cursos de pós-graduação estimulou pesquisas originais e rigorosas nos mais variados campos filosóficos, fazendo surgir um público leitor exigente, cuja carência de bons textos não tem sido atendida, pois, quase sempre, a produção filosófica permanece sob a forma de teses depositadas em bibliotecas universitárias, sobretudo as dos mais jovens, ainda pouco armados para enfrentar as imposições feitas pelo mercado editorial. Assim, bons e belos trabalhos ficam restritos ao conhecimento de poucos. Doutra parte, do lado dos leitores não especialistas, a demanda por filosofia possivelmente exprime o mal-estar do fim do século, a crise das utopias e projetos libertários, da racionalidade, dos valores éticos e políticos, que repõem o interesse e a necessidade da reflexão filosófica.

Para responder a essa dupla situação, nasce a Oficina de Filosofia, cujo intuito é publicar (editando e divulgando) os resultados de pesquisas de jovens estudiosos de filosofia. Mas não só. Existem trabalhos que são, para os privilegiados que a eles têm acesso, clássicos da produção filosófica brasileira, nunca editados. É nossa intenção publicá-los também, estimulando novas pesquisas em filosofia e garantindo aos não especialistas o direito à informação e à fruição dessas obras. A Oficina de Filosofia publicará, alternadamente, trabalhos dos mais jovens e dos mais velhos, buscando expor, para usarmos a expressão de Antonio Candido, a existência de um "sistema de obras" que, do lado acadêmico, suscite debates e permita tornarmo-nos referência bibliográfica e de pesquisa uns para os outros, instituindo, assim, uma tradição filosófica brasileira; e, do lado não acadêmico, cumpra o papel de alimentar a reflexão e de criar novas perplexidades ao propor respostas às existentes.

Há de parecer estranho o título "Oficina de Filosofia", escolhido para esta coleção. Afinal, não diferenciara Pitágoras os filósofos dos demais, comparando-os aos que compareciam aos Jogos Olímpicos, alguns para vender e comprar, outros para competir e, os superiores, dedicados apenas a contemplar? Platão e Aristóteles não prosseguiam na mesma trilha, afirmando o laço necessário entre *theoría* e *scholé*, contemplação e ócio?

No entanto, a diferença temporal, tema e objeto da investigação filosófica, seria perdida ou ficaria dissimulada se quiséssemos ignorar que fazemos filosofia num mundo em que, pelo menos na aparência, foi abolida a instituição da escravidão e, portanto, também a hierarquia entre escravos que trabalham e livres que fruem. Mundo capitalista e hegemonicamente da ética protestante, ainda que quantitativamente os não cristãos sejam mais numerosos, e os católicos romanos existam em maior número do que os reformados. Pertencemos a uma cultura e a uma sociedade que crê no valor das obras (para a salvação eterna ou para o prazer da vida presente), que fala em *trabalho* intelectual e o profissionaliza dentro e fora da academia, e que faz do ócio "oficina do diabo". Tanto do ponto de vista das condições materiais de nossa sociedade quanto da perspectiva ideológica que faz do trabalho um valor moral, os que fazem filosofia trabalham. Por isso, contrariando nossos ancestrais, Oficina de Filosofia.

Sumário

NOTA INTRODUTÓRIA... 13
PREFÁCIO... 15
INTRODUÇÃO... 23

1
FUNDAMENTO E APARÊNCIA
FUNDAMENTO E APARÊNCIA.. 25
NOTA SOBRE A DIALÉTICA DA ESSÊNCIA........................ 43

2
MATÉRIA E FORMA. ESSÊNCIA E FORMA. CONTEÚDO E FORMA. FINALIDADE.
(SOBRE OS ITENS UM E DOIS DO CAPÍTULO 1 DO LIVRO I D'*O CAPITAL* E PARA ALÉM DELES)
.... 33

3
A DIALÉTICA DA FORMA DO VALOR
A FORMA SIMPLES.. 54
A FORMA DESENVOLVIDA... 61
A FORMA UNIVERSAL.. 64
A FORMA DINHEIRO.. 70

4
OS AGENTES DA TROCA. AS ILUSÕES COMPLEMENTARES: CONVENCIONALISMO E FETICHISMO.
(ITEM QUATRO DO CAPÍTULO 1, E CAPÍTULO 2)
.... 75

5
A DIALÉTICA DO DINHEIRO
A PRIMEIRA FORMA DO DINHEIRO:
MEDIDA DE VALOR... 88
A SEGUNDA FORMA DO DINHEIRO:
MEIO DE CIRCULAÇÃO... 100
A TERCEIRA FORMA DO DINHEIRO:
O DINHEIRO COMO DINHEIRO.. 118
   PRIMEIRA SUBFORMA DO DINHEIRO COMO DINHEIRO:
   O ENTESOURAMENTO.. 119
   SEGUNDA SUBFORMA DO DINHEIRO COMO DINHEIRO:
   MEIO DE PAGAMENTO.. 125
   TERCEIRA SUBFORMA DO DINHEIRO COMO DINHEIRO:
   O DINHEIRO MUNDIAL.. 131
CONCLUSÃO... 136

APÊNDICE
DIALÉTICA, ESTRUTURALISMO, PRÉ(PÓS)-ESTRUTURALISMO

INTRODUÇÃO *137*
INCONSCIENTE DIALÉTICO,
INCONSCIENTE ESTRUTURAL
(MARX, LÉVI-STRAUSS) *138*
ENCANTAMENTO E DESENCANTAMENTO DO MUNDO
(MAX WEBER, MARX) *146*
O SOCIAL COMO JUÍZO
(MAUSS, LÉVI-STRAUSS, MARX) *153*
CONCLUSÃO: DIALÉTICA, ESTRUTURALISMO,
PRÉ(PÓS)-ESTRUTURALISMO *166*

CRONOLOGIA *173*
BIBLIOGRAFIA *177*
ÍNDICE ONOMÁSTICO *181*
ÍNDICE REMISSIVO *183*
SOBRE O AUTOR *190*

À memória de Luiz Roberto Salinas Fortes

NOTA INTRODUTÓRIA

Dialética marxista, dialética hegeliana: a produção capitalista como circulação simples é o primeiro de três volumes, cujo objeto é analisar as relações entre a dialética de Marx e a dialética de Hegel, a partir de um comentário *d'O Capital*. A série que se inicia com este volume relaciona-se com a que começamos a publicar em 1983 sob o título *Marx: lógica e política, investigações para uma reconstituição do sentido da dialética* (volumes I e II publicados pela Brasiliense em 1983 e 1987, respectivamente; volumes III e IV em preparação).

Dialética marxista, dialética hegeliana enraíza-se em *Marx: lógica e política* e lhe serve, em certa medida, de continuação. Várias circunstâncias, mas sobretudo as exigências do próprio objeto, levaramnos a consagrar uma série especial ao problema de fundo das relações entre as duas dialéticas.*

Boulogne-Billancourt, setembro de 1995

---

* Como será indicado em seu lugar, o apêndice sobre dialética e pré(pós)-estruturalismo foi lido por P.E. Arantes, C. Fausto, F. Haddad e L.M. Paulani. Desde já, nossos agradecimentos.

PREFÁCIO
Para Além da Terra Prometida

BENTO PRADO JR.
Universidade Federal de São Carlos

I

COMECEMOS pelo fim, como sói quando se trata de comentar textos de natureza dialética. Ninguém ignora que, nesse reino, *a verdade é o resultado* e que, para Hegel, a própria idéia de *entrada* na filosofia (dada a circularidade do Saber) é problemática. É assim que, atendendo ao estilo do Autor, inicio este prefácio, como se fosse um posfácio, pelo *Apêndice* que acrescentou a seu livro. Ou pelas conseqüências que dele extraiu para a reflexão sobre as ciências sociais no mundo contemporâneo, em seu contraponto com a tradição da Dialética, em suas versões hegeliana e marxista. Caminho regressivo que, aliás, é também o único a meu alcance.

Senão, vejamos. No *Apêndice* deste livro temos uma espécie da balanço da eficácia explicativa e compreensiva da sociedade contemporânea por parte de teorias concorrentes ou rivais: o marxismo, a sociologia "compreensiva" de Weber e as teorias antropológicas de Marcel Mauss e de Lévi-Strauss. De qualquer maneira, está em questão nossa capacidade de compreensão de nós mesmos, numa espécie de cálculo do poder epistêmico de modelos teóricos engendrados nos últimos duzentos anos.

Tais teorias são comparadas, com ânimo compreensivo, e alguns efeitos positivos da posteridade do idealismo alemão são registrados, à contracorrente das modas intelectuais, vigentes aquém e além-mar. Ruy Fausto, um pensador inatual? (Tal foi o título de uma entrevista concedida pelo Autor a um jornal paulista no ano passado e, aparentemente, o qualificativo não o desagradou). Aliás, em resenha de um livro anterior (*La Quinzaine Littéraire*, 1-15 de junho de 1987), Michael Löwy escrevia o seguinte: "Este volume vai portanto a contracorrente. Não porque se recuse a criticar o marxismo, mas porque pensa que tal crítica – necessária em muitos aspectos – é impossível do ponto de vista teórico, se não vai até o fim da racionalidade dialética clássica". Mas será a moda antidialética um bom critério de verdade? Apenas, talvez, para os demasiado jovens, ou para os que chegaram tarde demais aos bancos escolares.

Pensemos um pouco. Sempre começando pelo fim, notemos que Ruy Fausto, no seu balanço histórico-crítico das teorias sociológicas e antropológicas, subverte de algum modo a linha temporal. Como se acrescentasse ao célebre ensaio *De Mauss a Lévi-Strauss*, de Merleau-Ponty, um outro texto de orientação inversa: *De Lévi-Strauss a Mauss*, atribuindo uma nova significação à palavra pós-estruturalismo. Além de precursor do estruturalismo, Marcel Mauss poderia permitir-nos caminhar para além dele?

Onde está o problema? Se começamos pelo fim, é porque a questão está no diagnóstico de nossa experiência do mundo contemporâneo ou da "lógica" que a liga ao destino do Capital. Repassamos, assim, no *Apêndice*, toda a discussão sobre a transição para o capitalismo e os processos de racionalização e modernização, ou de desencantamento, seguindo a trilha de Weber. Mas seguindo também uma outra trilha (com Marx e a antropologia), onde talvez se possa falar de uma dialética do encantamento ou do reencantamento. Já os frankfurtianos descreviam a dialética da *Aufklärung* como implicando desvios e regressão, o mergulho retrógrado no Mito. Tudo se passa como se Ruy Fausto estivesse descrevendo uma nova dialética, que passa por um ponto médio (que não seria apenas uma "média áurea") entre os pólos definidos pela definição positiva da *Aufklärung* como racionalização e a saudade romântica do mundo encantado que se dissolveu. A questão é a da figura da alienação, tal como é vivida dentro da trama ou da estrutura do capitalismo nos dias de hoje.

II

Numa palavra, trata-se de construir uma espécie de lógica regional, que dê conta da necessidade e da persistência da ilusão, da fantasmagoria social, do fetichismo. Ou de mostrar que a versão hegeliana (na *Lógica*) da idéia kantiana de Ilusão tem uso no esclarecimento (científico e político) da sociedade contemporânea. O que, na aparência, nos devolve ao gênero antigo da Filosofia da História, já que, nas suas conclusões, podemos encontrar frases do seguinte tipo: "Disto resulta a necessidade de, a partir das considerações anteriores, também dizer alguma coisa sobre o movimento geral da história, mesmo se os limites do que se pode dizer aqui são evidentes. Ora, para que não se nos acuse de incorrer num erro freqüentemente denunciado, digamos numa fórmula que se os 'primitivos' não são sem dúvida nossos antepassados, nossos antepassados foram sem dúvida 'primitivos'". Depois de deixar ao leitor o tempo de degustar o sabor da construção dialética da frase, reitero, remando a favor do Autor, que não se trata simplesmente de reativar um gênero literário perempto como a Filosofia da História (cuja morte, provavelmente, é contemporânea da de sua irmã gêmea, a *Naturphilosophie*). Como já advertia Paulo Arantes, há treze anos, Ruy Fausto jamais confundiu Filosofia da História e Crítica da Economia Política (cf. P. Arantes, "Um capítulo brasileiro do marxismo ocidental", *Folhetim*, nº 335, 19 de junho de 1983).

Para ajudar o leitor a guiar-se no mundo complicado que está prestes a visitar, talvez não seja inútil um pouco de pré-história. Isto é, talvez o ajude uma tentativa, por mais tosca que seja, de situar o livro atual na linha de trabalho do Autor nas duas últimas décadas. Refiro-me particularmente a três livros: *Marx: lógica e política I*, de 1983; *Marx: lógica e política II*, de 1987 – ambos publicados pela Brasiliense – e *Sur le concept de Capital: idée d'une logique dialectique*, de 1996, que saiu pela Ed. l'Harmattan. Cada um desses livros é um momento de um mesmo itinerário, que desemboca no presente livro; sem a referência a eles, seria difícil localizar seu alvo atual e ter idéia dos desenvolvimentos futuros que promete.

Digamos que todos eles constituem uma empresa única, cujo alvo é a "reconstituição do sentido da dialética". Desde o primeiro, a perspectiva está dada e fixado o *télos*, que é evitar dois escolhos inversos: conservar, sem crítica, a dialética clássica ou simplesmente abandoná-la. Mas, entre esses dois escolhos, o objeto principal da crítica é o primeiro: mesmo se se trata de reconstituir a significação da dialética, esse esforço é, por assim dizer, esboçado de fora da dialética ou, pelo menos, com um pé fora dela; como se só o traçado de seus limites (ou a denúncia de seu imperialismo) pudesse devolver-lhe fundamento. Como fazê-lo? Recorramos à resenha acima citada de Paulo Arantes, para indicar os pontos cruciais desse procedimento: "Interversão e negação, contradição e antinomia, juízo de reflexão e de inerência etc... – todos mais ou menos imantados pela distinção fundamental entre 'posição' e 'pressuposição', cujo movimento combinado está presente nas menores células temáticas do livro e que, devidamente decantado, anuncia uma 'lógica da contradição' em condições de esclarecer mais de um mistério da dialética. O mais ilustre deles envolve o nó górdio da 'abstração real', uma fórmula enigmática a denunciar a presença do universal na realidade instituída pelo modo de produção capitalista". Com um pé fora da dialética, mas com outro dentro dela e – mais do que isso – recuperando toda a riqueza do idealismo alemão, Ruy Fausto se afastava desde então dos althusserianos que amputavam essa tradição com a navalha ou a perspectiva exclusiva do Entendimento. Aproximava-se assim dos frankfurtianos, embora sublinhando que estes não cuidavam suficientemente da dimensão "lógica" da dialética. Dimensão indispensável à sua reconstrução, como sublinha Ruy Fausto no fim do prefácio do primeiro livro, retomando perguntas de Marx e fazendo delas suas próprias perguntas: "Como nos relacionamos afinal com a dialética?" e "O que (fazer) da Lógica?" (*Marx: lógica e política I*, p. 21).

É esta mesma interrogação que é retomada no volume seguinte, onde novamente se articulam a crítica (no sentido de delimitação) da apresentação marxista da história e a dialética da "pressuposição" e da "posição" (ou ainda a "lógica" das significações "obscuras" ou "fluidas"). Ainda aqui viajamos entre a *Ciência da lógica*, os *Grundrisse* e *O Capital* – mas também pela pré-história metafísica da dialética. As provas da existência de Deus em Santo Anselmo, Descartes e Leibniz estão no pano de fundo – e mesmo no proscênio – da recapitulação hegeliana, contra Kant, da prova ontológica, que viria iluminar a dialética que Marx tece entre Valor e Capital, ou entre Pressuposição e Posição.

História da filosofia, crítica da economia política conspiram nessa exploração das modalidades do juízo; juízo de reflexão, de gênese, de devir, tais são os modos pelos quais o discurso se articula diferencialmente com um mundo social em vias de constituição. Que não se escandalize o leitor refratário com essa aproximação entre lógica e sociabilidade. Tal aproximação não se justifica apenas dentro do horizonte hoje exótico do idealismo alemão. Basta lembrar o belo ensaio que Roger Bastide consagrou a Lévi-Strauss e à idéia de estrutura. Lá já *As estruturas elementares do parentesco* eram comparadas à *Crítica da razão pura*. De um lado Kant remonta da física e da matemática (ou da objetivação da atividade judicante) à estrutura da Razão; de outro, obedecendo ao mesmo estilo regressivo, Lévi-Strauss remontaria das obras da cultura e da sociedade à mesma fonte. Por que escandalizar-se quando Ruy Fausto sublinha textos paralelos de Mauss, que se interroga sobre a natureza sintética ou analítica do juízo mágico?

Mas, nos dois primeiros livros, permanecemos no nível da reunião dos materiais, sem dar resposta positiva à questão de base que os anima; isto é, permanecemos no nível da delimitação externa da dialética, sem reconstituir positivamente seu fundamento "lógico". Ora, aparentemente é essa resposta positiva (ou o "momento positivo-racional" da dialética) que parece esboçar-se no terceiro livro (*Sur le concept de capital: idée d'une logique dialectique*). Numa palavra, os elementos que nos "Materiais" eram tratados em estado de quase dispersão (p. ex., no Vol. II, a Parte I consagrada aos modos de produção e a Parte II à dialética das significações "obscuras") são aqui reunidos e fundidos num único discurso que liga internamente as formas do juízo e as formas da sociabilidade. Não cabe, aqui, resumir o desenvolvimento dessa lógica dialética que se funda no conceito de capital como "'auto-função' interproposicional", nem como ela se ampara, entre outras coisas, nas teorias do movimento de Aristóteles e Hegel, ou ainda nas matemáticas do infinito. Basta assinalar que o livro, que expõe a idéia de lógica dialética a partir do conceito de capital, se encerra com as seguintes frases: "Nós nos situamos portanto em um nível de relativa complexidade, sem ter podido expor as determinações prévias. Foi a fecundidade e o interesse do assunto que nos levaram a esse trabalho que, de alguma maneira, no entanto, violenta a ordem da apresentação. Em outro texto, tentaremos apresentar as noções dialéticas fundamentais, situadas aquém do conceito de capital, isto é, aquém do conceito como conceito" (*Idée...* pp. 79-80).

III

Ora, é bem essa tarefa que o presente livro se propõe a realizar: reencetar a *Darstellung* do conceito de capital a partir de seus primeiros princípios, isto é, a partir de seus pressupostos ou da circulação simples, na sua raiz pré-conceitual, para depois retomar – no *Apêndice* – o retorno crítico sobre a sociedade contemporânea, com o balanço do poder revelador das diferentes linhas das ciências humanas ou da antropologia.

Não faremos aqui uma sinopse do livro. Mas talvez seja interessante voltar ao curioso entrelace que ata a análise "lógica" da abertura d'*O Capital* à discussão ao mesmo tempo epistemológica e política do Apêndice. Entrelace que se notava nos volumes I e II de *Marx: lógica e política* e que salta aos olhos no próprio subtítulo de ambos. Assim, no Vol. II, na passagem da segunda para a terceira parte, passávamos da dialética entre pressuposição e posição para a reflexão sobre as classes e o Estado. Aqui, o movimento é o mesmo e pode ser descrito, talvez, como aquele que conduz de uma "lógica" a uma "antropologia" do fetichismo, que se ampara, em particular, na recuperação da obra de Mauss e de sua teoria do "juízo mágico".

Mas por que essa recuperação de Mauss? O que faz dele algo mais do que um precursor do estruturalismo? São muitas as razões, mas talvez a principal resida num cuidado antigo de Ruy Fausto com a dimensão da experiência vivida na crítica da sociedade capitalista – dimensão tão negligenciada, como sabemos, na tradição do estruturalismo. Referindo-se aos primeiros textos de Ruy Fausto, Paulo Arantes observa: "Ruy falava esquematicamente, como vimos, em cifras de historicidade no interior do espaço lógico, indicativas de uma 'experiência vivida' (de desapropriação e perda de substância) do proletariado – porém não chegou a ultrapassar este registro, embora fosse claro o seu problema" (cf. *Um departamento francês de ultramar*, Paz e Terra, p. 308). Se não estamos completamente enganados, o livro que temos em mãos realiza justamente a apresentação dessa articulação entre lógica e experiência vivida que, antes, fora apenas indicada esquematicamente. A perspectiva "lógica" não elimina (como era o caso na versão althusseriana e em outras) a dimensão antropológica da alienação, desde cedo situada no "horizonte" ou nos limites da "Teoria" – pelo contrário, é nesta última que ela cumpre seu destino final. E é justamente Mauss que nos ajuda a redescobrir essa continuidade. Ou, nas palavras com que nosso Autor encerra seu belo livro: "Se a idéia de ato social total [de M. Mauss – nota de BP] representa a exigência de integrar diferentes regiões do social, ele significa também e mais ainda a integração do indivíduo – e do vivido – à análise do social (ver a respeito, ainda, a *Introduction*...). Dizer que a dialética vai na mesma direção poderia parecer uma banalidade. Mas, se analisarmos o primeiro livro d'*O Capital* de maneira mais precisa, veremos que não só há uma exigência geral de integração do vivido, mas que é do aprofundamento mesmo da análise 'estrutural' (ou antes, dialética) que nasce alguma coisa que de certo modo reproduz a experiência vivida. Este é também um caminho (na realidade é o mesmo, mas num outro ponto) para pensar tanto o interesse como os limites do método estruturalista. E ainda uma vez, salvo erro, Mauss não aparece apenas como o Moisés que morreu antes de chegar à terra prometida, segundo a imagem de Lévi-Strauss, mas também como o profeta que viu uma outra terra para além da terra prometida" (cf., adiante, pp. 166-7).

IV

Depois dessa caracterização abstrata e geral das preocupações e do itinerário de Ruy Fausto – e para melhor poder compreendê-los por contraste –, seria necessário situá-los em contraponto com iniciativas semelhantes ou próximas, na França e no Brasil. Mas isto nos levaria longe demais, para além dos limites de um prefácio e de minha competência. De resto, tal trabalho já foi parcialmente realizado – pelo menos no que tange aos primeiros escritos de nosso Autor – no último capítulo do já citado *Um departamento francês de ultramar*, de Paulo Arantes. A originalidade de Ruy Fausto – na sua oposição a diversas versões contemporâneas da dialética e particularmente na insistência na necessária continuidade entre as esferas do "estrutural" e do "vivido" – é aí claramente sublinhada. Originalidade que se torna cada vez mais evidente na evolução da obra, como acabamos de indicar.

Mas talvez coubesse apontar, pelo menos, alguns pontos de contraste entre as "Investigações para uma reconstituição do sentido da dialética" empreendidas por Ruy Fausto e a "Arqueologia da dialética" do próprio Paulo Arantes. Pontos de contraste tanto mais interessantes, quanto muita coisa há que os aproxima – não penso aqui, é claro, apenas, na amizade que os une, mas no entusiasmo que ambos nutrem por uma mesma bibliografia, pela convicção que partilham de que o pensamento contemporâneo não pode contornar, sem grave prejuízo para si mesmo, o continente da Dialética.

E, no entanto, como são diferentes as dialéticas invocadas por um e por outro! Diferença tanto mais notável, quanto o primeiro projeto de tese de Paulo Arantes visava o lugar das matemáticas na Lógica de Hegel e que, se levado adiante, imagino, conduziria às mesmas praias exploradas por Ruy Fausto em *Idée d'une logique dialectique*, e não à "história social da negatividade" que acabou por escrever no início da década de 80.

Notemos que não se trata, apenas, de uma diferença "filosófica". É o próprio lugar da política que é pensado de maneira diversa por um e por outro, bem como a relação entre marxismo e filosofia. Como observa Ruy Fausto, em algum lugar, Paulo Arantes fala "de dentro do marxismo", enquanto a "delimitação" da dialética, pelo primeiro, exige também um olhar minimamente externo.

Mas deixemos de lado a questão da política (que envolve a discussão sobre o uso do conceito de democracia na crítica do capitalismo), para ficarmos apenas com o problema das concepções rivais da dialética. Aparentemente um escolheu o Hegel da *Ciência da lógica*, enquanto outro ficou com o da *Fenomenologia do espírito*. No fundo, a questão em pauta parece ser (também) a seguinte: para devolver significação à dialética, será necessário restaurar seu "momento racional-positivo", recorrendo à artilharia pesada da lógica? Ou basta que o espírito se deixe levar (não se crispe) pelo movimento contraditório da sociedade e da cultura, suportando o "duro trabalho do negativo"? Lógica dialética, num caso, dialética puramente negativa, no outro.

V

Faltam-me critérios para decidir por uma ou outra via. Basta-me apresentá-las ao leitor e deixá-lo, aqui, para que, guiado pelas mãos de Ruy Fausto, possa acompanhar mais este capítulo franco-brasileiro das aventuras da dialética.

INTRODUÇÃO

ALÉM dos dois itens iniciais sobre valor de uso, valor de troca e trabalho abstrato, a seção primeira d'*O Capital* contém a apresentação de dois processos ligados entre si embora em forma descontínua: o da forma do valor (item três do capítulo um), que é na realidade uma pré-história lógica do dinheiro, e a dialética do dinheiro (capítulo três), que é uma história lógica do dinheiro. Entre as apresentações dessas duas dialéticas, há o texto sobre o fetichismo (item quatro do capítulo um) e a análise do processo de troca (capítulo dois). Relativamente ao capítulo um, o capítulo dois caracteriza-se pelo fato de que nele trata-se da troca efetiva, e de que também, ou por isso mesmo, nele *se põem* os agentes da troca[1]. Nesse sentido, ele *retoma* em outro registro o movimento do capítulo anterior, já que começa com o processo de troca imediato e termina com a cristalização do dinheiro. Também por outra razão, ele completa o capítulo um: se o item quatro deste último trata do fetichismo, no capítulo dois se faz a crítica da ilusão oposta, que chamamos de convencionalismo[2]. A crítica do fetichismo completa uma análise que *põe os objetos e pressupõe os agentes,* a crítica do conven-

---

1. Há muito tempo assinalamos esse ponto. Analisamos textos do capítulo dois, entre outros lugares, em Fausto 14, pp. 141-223.
2. Ver a respeito *id., ibid.*, p. 170.

cionalismo é o ponto de chegada de um desenvolvimento em que *os agentes são postos* e as determinações objetivas em alguma medida *pressupostas*.

Antes de analisar em detalhes a seção primeira, discutiremos a questão geral da sua natureza. Tratamos disto anteriormente[3], mas ela deve ser retomada aqui, em parte para responder às observações de um crítico (Texier 53, pp. 69-83), em parte para incorporar reflexões mais recentes.

---

3. Sobretudo em Fausto 14, pp. 141-223.

1
FUNDAMENTO E APARÊNCIA

COMO mostramos em outro lugar, a resposta para a pergunta "a teoria da circulação simples que se encontra na Seção I d'*O Capital* tem por objeto o capitalismo?" é *em primeira instância antinômica*. A resposta é sim e não. Sempre em primeira instância, poder-se-ia representar essa antinomia à maneira da dialética transcendental:

Tese: o objeto é o capitalismo.

Prova

1) De fato, Marx afirma no parágrafo inicial d'*O Capital* que tratará do "modo de produção capitalista" ("A riqueza das sociedades em que domina o *modo de produção capitalista* (...) (...) Nossa *investigação* começa por isso (...)");

2) na Seção I se põem o valor e o trabalho abstrato. Ora, como indicam outros textos (Marx 45, p. 44; *idem* 42, p. 35; Fausto 14, p. 111), essas determinações só são postas no modo de produção capitalista.

Antítese: o objeto não é o capitalismo.

Prova

1) *O Capital* está ausente da Seção I;

2) e em conseqüência o fim (a finalidade) que está presente é o valor de uso, não o valor ou a valorização. Como seria possível ter por objeto o capitalismo quando se põe o valor de uso como finalidade?

As razões da tese, como as da antítese, são sólidas. Umas não são mais sólidas do que as outras. As primeiras são positivas, as últimas – mas é verdade que a antítese foi formulada negativamente – são negativas. As duas se negam mutuamente. Tem-se, assim, o mau infinito qualitativo de Hegel, o da antinomia. Há circularidade, mas trata-se da má circularidade – da circularidade retilínea se poderia dizer – do mau infinito. A passagem de oposto a oposto é uma simples ruptura[4]. É no fundo uma constelação como esta que Hegel critica quando ataca o conhecimento fundado em razões[5]. As "razões" são por definição unilaterais.

A solução da antinomia está na redução da tese e da antítese a "momentos" em sentido dialético rigoroso: "momento" como equivalente do "ser-suprimido" *(aufgehobensein)*[6].

A resposta é sim e não ou antes sim-não: trata-se do capitalismo (tese), mas na forma – que é dele entretanto – do não capitalismo (antítese). Deixando de lado por ora a razão 2 da tese que discutiremos mais adiante, pode-se observar: a razão 1 da tese apela para o texto de abertura d'*O Capital*, porém esse texto diz na realidade: "A riqueza nas sociedades em que domina o modo de produção capitalista *aparece (erscheint)* como uma enorme coleção de mercadorias (...)". A frase inicial anuncia que se trata do capitalismo (tese), mas do capitalismo tal como ele *aparece*. Como o desenvolvimento mostrará que a aparência é a *negação* da essência, tem-se aí a antítese. Porém esta já se transfigurou em "antítese", isto é em tese apenas "negada" *(aufgehoben)*, e não pura e simplesmente negada. Do mesmo modo, passando à antítese: a ausência do capital na Seção I não é uma ausência pura e simples, mas uma ausência-presença, e quando se diz que a finalidade não é o valor, esse "não" é também outra coisa que não uma simples negação. Do lado da antítese também se impõe a introdução das aspas, que exprimem a

---

4. Não discutiremos em detalhes as relações entre essa antinomia e as da dialética transcendental. Observe-se que aqui a tese é objeto de uma demonstração positiva; a antítese é objeto de uma demonstração negativa, mas ela mesma é formulada em forma negativa, de modo que a prova é ao mesmo tempo direta e apagógica.
5. Ver por exemplo a adição ao § 121 da pequena *Lógica* (Hegel 19, pp. 248 e ss.; *idem* 18, pp. 555 e ss.).
6. "Algo só é 'suprimido' *(aufgehoben)* na medida em que entrou em unidade com o seu oposto; nessa determinação mais precisa como algo refletido ele pode ser chamado adequadamente de *momento*" *(idem* 28, p. 94; grifo nosso).

mudança de registro da negação. Assim, não é verdade que o capital esteja pura e simplesmente ausente. Ele está "lá", embora não esteja posto. E se a finalidade posta é a do valor de uso, esta posição do valor de uso também não é simples posição. Ele está posto, mas como algo que *nega* o valor como finalidade, ou como negando a finalidade do seu oposto, o valor. Porém, mesmo enquanto "negante", uma determinação está afetada pelo seu oposto. A valorização como finalidade é assim negada, mas negada só como finalidade posta. A leitura dialética do objeto altera, assim, tanto o regime da ausência como o da presença. Tanto as razões da tese como as da antítese serão "negadas". E desse modo *tese e antítese não se excluirão mais mutuamente*. Cada uma não abre mais um espaço em que se investe a sua negação pela outra. Vê-se que a lógica dialética introduz um terceiro, mas não de maneira análoga à do intuicionismo, porque trata-se de um terceiro que deve apenas ser posto, isto é, que já estava *presente*. Ele não é nem um meio-termo ideal, à maneira da "áurea média" da moral de Aristóteles, porque na moral de Aristóteles, o terceiro, mesmo se, enquanto virtude, recebe um novo nome, deixa entrever os extremos; a diferença, do ponto de vista de uma leitura hegeliana de Aristóteles, permanece sendo quantitativa. Nem de uma "neutralização" dos extremos (ver os textos de Hegel sobre a "neutralização" em química), senão num sentido muito particular. Se a áurea média fica aquém da *Aufhebung* porque nela a supressão é na realidade só quantitativa, a "neutralização" vai longe demais – os extremos se dissolvem num terceiro.

Entretanto, se a passagem da antinomia à contradição dialética se opera através da noção de *aparência*, como (auto)negação da essência, subsiste uma dificuldade. A Seção primeira põe o valor e o trabalho abstrato, como indica a segunda razão da tese. Ora, valor e trabalho abstrato não parecem pertencer à aparência, mas aos fundamentos do sistema. E na Seção I, esses fundamentos se apresentam como postos e não como negados. Na medida em que faz apelo à noção de aparência, a resolução da antinomia em contradição dialética parece deixar um resto. Ela parece resolver uma dificuldade engendrando outra[7]. A dificuldade parece tanto maior pela própria solidez da resposta. Solidez teórica, mas também legitimação pelos textos: é o próprio Marx quem

---

7. A crítica de Jacques Texier vai nessa direção (Texier 53, pp. 69-83).

afirma que a circulação simples representa a aparência do sistema[8]. Impõe-se, assim, explorar mais de perto o significado da Seção I, dando especial atenção às relações entre *aparência* e *fundamento*.

Na realidade, a Seção I põe três elementos, que são:

1) os fundamentos (trabalho abstrato, valor)[9]; 2) a aparência que é propriamente o movimento M-D-M, movimento cuja finalidade é o valor de uso; 3) a unidade dos dois, ou o que resulta desta: a lei de apropriação da circulação de mercadorias, ou seja, a apropriação pelo trabalho ou pela troca de equivalentes, portanto apropriação fundada direta ou indiretamente no trabalho[10]. Ora, *esses três elementos*, fundamento, aparência e a unidade deles na lei de apropriação – na medida em que eles são *postos* – são precisamente *aparentes*. Ou a aparência está na posição (positiva) deles. A posição deles, que opera objetivamente a circulação simples, constitui precisamente a aparência do sistema. A aparência posta é... aparência (ou Aparência, se quisermos). A lei de apropriação da produção de mercadorias, posta, é... aparência. E

---

8. "Entretanto, aqui não tratamos da passagem histórica da circulação ao capital. A circulação simples é antes uma *esfera abstrata* do conjunto da produção burguesa, a qual através das suas determinações se assinala *(hinweis)* como *momento*, como simples *forma fenomenal (Erscheinungsform)* de um processo mais profundo que se situa atrás dela, [processo] que tanto resulta desta como a produz – o do capital industrial" (Marx 43, pp. 922-3; *idem* 42, pp 230-1; grifo nosso).
9. Que a Seção I ponha os fundamentos, já havíamos assinalado em Fausto 14, pp. 141-223: "(...) o objeto da seção primeira é a circulação simples (...) a circulação simples é a aparência do modo de produção capitalista. (...) Mas o problema é difícil porque a circulação simples *não trata só da aparência entendida como circulação simples. A análise da Seção I tem como objeto não só o intercâmbio de mercadorias, ela se interroga, e sobretudo, sobre os fundamentos desse intercâmbio. Temos, assim, a aparência e o fundamento dessa aparência. Entretanto os fundamentos são introduzidos aqui só como fundamentos dessa aparência.* Não que eles desaparecerão quando se passar à teoria do capital, mas eles sofrerão uma operação fundamental [referimo-nos evidentemente à *Aufhebung* (acréscimo de RF)]. No momento, eles são portanto só os fundamentos da aparência. Por outro lado, mas isso é uma conseqüência, esses fundamentos são *congruentes* à aparência" *(id., ibid.,* p. 183; no original só grifamos "dessa aparência"e "congruentes"; ver também *id., ibid.,* p. 184). Nesse sentido, a crítica de Texier não se justifica. Entretanto, apesar disso, ela é fecunda. Tentaremos mostrar por quê, mais adiante.
10. "Não conhecemos até aqui nenhuma relação econômica com exceção da dos possuidores de mercadorias, uma relação em que *eles só podem se apropriar do produto-do-trabalho alheio, alienando o seu próprio [produto]"* (Marx 44, p. 123; *idem* 41, p. 123; grifo nosso).

o que parece mais paradoxal, daí toda a dificuldade: o fundamento posto é... aparência[11]. Há, assim, uma aparência *do* fundamento. Esta aparência do fundamento é precisamente a posição dele, o fundamento *aparece* como se ele estivesse posto; na realidade, no momento da posição da essência ele se mostrará como fundamento "negado". A distinção, digamos, geral, entre *essência* e *aparência* não se confunde assim com a que separa *fundamento* e *aparência* (aparência como equivalente de "fundado"). *Cada uma dessas determinações comporta uma aparência e uma essência*. Nos dois casos, a aparência está na posição; a "essência" é para o fundamento, o fundamento "negado", para a aparência a aparência "negada", isto é, a aparência que aparece como tal. A circulação simples é, assim, a teoria 1) do fundamento (do fundante) enquanto fundamento aparente; 2) do "fundado" enquanto fundado aparente (da aparência da aparência, se quisermos); e 3) da lei de apropriação enquanto lei aparente (isto é, da apropriação pelo trabalho próprio lida simplesmente como lei de apropriação da produção de mercadorias). Por essas razões, se o conteúdo da Seção I é a "circulação simples", o seu conteúdo é também a "produção de mercadorias". É preciso ter também uma denominação que corresponda ao fato de que os fundamentos também são postos (embora invertendo os "sinais") e a expressão que se impõe – ela é de resto a que Marx utiliza, ver a Seção VII do Livro I – é "produção de mercadorias". Nela não se indica a "supressão" que vai ocorrer mas não ocorreu ainda; mas também não se fixa o primeiro momento. A expressão não é indeterminada, mas a sua negação permanece indeterminada[12]. As duas noções se correspondem. A circulação simples corresponde no plano da produção à "produção de mercadorias", e vice-versa. Sem que haja ainda a unidade produção-circulação, a qual só se põe no "momento" do capital enquanto capital. Mas por que razão a expressão "circulação simples" parece ter certo privilégio nos textos de Marx? É que se tanto o funda-

---

11. O sinal "..." indica que se trata de juízos em que o sujeito se reflete no predicado, juízos que representam uma das formas dialéticas do juízo, aquela que chamamos de "juízo de reflexão" (Fausto 14 e 15, *passim).*
12. Foi precisamente para dar conta da presença do fundamento que utilizamos em Fausto 14 a expressão "produção simples" (p. 184) precisando que se trata de um "momento da produção capitalista" ("momento" tem evidentemente aí um sentido lógico, como o texto o mostra amplamente). Mas ainda assim a expressão é ambígua. Ela fixa demais o primeiro "momento".

mento, isto é, a produção de mercadorias, como fundamento positivo, como o fundado, isto é, a circulação simples, serão negados e reduzidos à aparência – só a circulação simples é aparência *que aparece*. O fundamento, tanto como determinação posta, quanto depois como determinação negada, não aparece. Ou, por outras palavras, na medida em que na Seção I se faz em geral a teoria da aparência do sistema, o lado circulação (digamos, a aparência aparente) caracteriza melhor o objeto do que o lado fundamento, mesmo se o fundamento enquanto posto se revelará aparente.

Assim, seguindo o movimento "essencial" do seu objeto, a Seção I, põe como positivos esses três elementos – fundamento, aparência e lei de apropriação, os quais se mostrarão em seguida como existentes só enquanto "negados". Na Seção I, *negam-se essas negações. O negado se torna posto e o que é posto (o capital) é negado*. É essa negação de uma negação que é, na realidade, ilusória.

Mas como se articulam esses três elementos: lei de apropriação, circulação simples e produção de mercadorias (ou lei de apropriação, aparência e fundamento)? A lei de apropriação afirma que a apropriação se faz ou pelo trabalho próprio ou pela troca de equivalentes. Na realidade, se a apropriação não se fizer pela troca de equivalentes, ela não se fará pelo trabalho próprio, a menos que se suponha um produtor que também como consumidor seja inteiramente autônomo. De fato, a troca de equivalentes é a forma mediata da lei de apropriação pelo trabalho próprio. Mas, se a apropriação não se fizer pelo trabalho próprio, o trabalho como fundamento será "negado", o fundamento não será mais o trabalho, mas o capital[13]. E, se o capital for o ponto de partida, o movimento M-D-M se inverterá em D-M-D, o valor de uso como finalidade se revelará aparente. A conexão entre os três elementos poderia também ser mostrada a partir de cada um dos outros dois.

Que a posição das aparências (fundamento e aparência postos, e lei de apropriação pelo trabalho) seja a negação de uma negação (isto é, a negação de uma *pre*ssuposição) objetiva, a das aparências precisamente, e a negação (pressuposição) de uma posição objetiva, a do capital, isto significa: que é como se na Seção I tivéssemos os juízos "o capital

---

13. Por ora, deixamos de lado o que ocorrerá num terceiro momento. Só consideramos o primeiro (a circulação simples), e o segundo (o capital enquanto capital).

é... mercadoria", "o capital é... dinheiro", em que "capital" – mas de certo modo também a cópula "é" – só está pressuposto. Juízos de reflexão em que só "mercadoria" e "dinheiro" estão postos[14].

NOTA SOBRE A DIALÉTICA DA ESSÊNCIA

A ilusão da aparência está na *posição* (positiva, isto é, plenamente positiva) de determinações negativas, quer se trate de determinações fundantes (negantes) ou de determinações fundadas (negadas). Quando a aparência é posta como negativa, ela não é mais ilusória. Entretanto, a aparência comporta um momento de ilusão. Mas o que quer dizer isso precisamente? Isto significa que se supõe haver um momento (também objetivamente e não só na apresentação) em que a aparência se põe como aparência, isto é, apresenta-se como igual a si mesma. A doutrina hegeliana da essência e da aparência considera esse momento. No fundo, a noção de *reflexão exterior* remete a esse momento de positividade ilusória. Vejamos mais de perto o que isso significa. Se *não supusermos* esse momento de positividade, o movimento da essência seria representável assim: "a aparência é... essência",... "a essência é... aparência", "a aparência é... essência" etc., portanto, por juízos de reflexão cujos sujeitos permanecem pressupostos. Introduzindo o momento da positividade, teríamos: *a aparência é aparência*, a aparência é... essência, *a essência é essência*, a essência é... aparência, *a aparência é aparência* etc. Ou ainda, se quisermos distinguir o momento da identidade de cada determinação do momento da ruptura de cada uma com ela mesma: a essência é... aparência, a aparência é aparência, a aparência é... aparência, a aparência é... essência, a essência é essência, a essência é... essência etc. Aqui (nas duas últimas séries de juízos) o positivo não é puramente evanescente, o que significa que se pôs um momento da ilusão como ilusão. Se vê que isto vale também para a essência: há um momento de ilusão da essência, em que ela

---

14. Observe-se que a forma "o capital é... mercadoria", "o capital é... dinheiro", em que o signo "..." exprime reflexão, se distingue como se verá dos juízos "o capital é mercadoria", "o capital é dinheiro", juízos para os quais também não há lugar na lógica do entendimento e que entretanto *não* são de ordem reflexiva. Denominamos esses últimos juízos do Sujeito (Fausto 14 e 15, *passim*).

"esquece" que é da essência da essência aparecer. É essa leitura que permite pensar a relação aparência/essência como um movimento, e não apenas como um sistema de "negações" em equilíbrio. Se o movimento da essência (no caso da reflexão) é movimento "suprimido", a dialética das determinações da reflexão (identidade, diferença, contradição) em que se desenvolve a dialética da pura reflexão, repõe de certo modo o movimento, mas como *movimento "suprimido"* (ou no interior do movimento "suprimido"). Só pela distinção de todos esses momentos a dialética da essência se expõe em toda a sua radicalidade. Uma dialética em que cada momento se perde inteiramente (reflexão exterior) pelo fato de se pôr como plenamente idêntico a ele mesmo. De fato, *a aparência só é igual a si mesma quando ela não é igual a si mesma.* Isto vale também para a essência, ainda que em sentido diverso.

2

MATÉRIA E FORMA. ESSÊNCIA E FORMA. CONTEÚDO E FORMA. FINALIDADE.
(SOBRE OS ITENS UM E DOIS DO CAPÍTULO 1 DO LIVRO I D'*O CAPITAL* E PARA ALÉM DELES).

―

SABE-SE que as noções de forma e de matéria, cujas ressonâncias hegelianas e aristotélicas são evidentes, escandem o conjunto da apresentação d'*O Capital*. A dualidade matéria e forma se imbrica porém com a do conteúdo e da forma, e ambas se articulam com a noção de substância, e também para além da Seção I com a noção de Sujeito. Não basta mostrar o desdobramento de algumas dessas noções, é preciso apresentar a sua dialética. É o que tentaremos nesse item, mesmo que isto nos obrigue no final a ultrapassar os limites não só do capítulo um, mas da primeira seção. Para terminar tentaremos definir com alguma precisão a relação de tudo isto com certos textos da *Lógica*.

O início d'*O Capital* estabelece duas descontinuidades, a que separa as determinações pressupostas de ordem antropológica das determinações postas do sistema, e a que, dentro do sistema, separa o universo material dos valores de uso do universo formal do valor. Mesmo no seu grau zero, a materialidade interna é posta, e nesse sentido não coincide com a materialidade externa[15]. Há uma questão prévia, a de saber se essas oposições referem-se à diferença entre forma e matéria, se não se

---

15. Este é um ponto a propósito do qual a contribuição de J. A. Giannotti parece ter sido efetiva. Ver a esse respeito Giannotti 61.

trata antes da diferença entre forma e conteúdo. Como se sabe, na dialética hegeliana – ver "o fundamento absoluto" na lógica da essência – se diferenciam essas duas distinções[16].

N'*O Capital* parece difícil *imediatamente* estabelecer a diferença, porque Marx reúne as duas determinações: "os valores de uso constituem *o conteúdo material (den stofflichen Inhalt)* da riqueza, qualquer que seja a sua forma" (Marx 44, p. 50; *idem* 41, p. 40; grifo nosso). Esse texto visa o conteúdo antropológico pressuposto. Mas o discurso pressuposto é da ordem do conteúdo ou da materialidade? A noção de conteúdo tem um sentido mais amplo e visa em geral a finalidade do processo. A noção de matéria e de materialidade visa antes a natureza do objeto. A redução que, do discurso posto (ver o primeiro parágrafo do capítulo um) leva ao discurso pressuposto (a passagem se dá do segundo ao terceiro parágrafos), nos conduz do conteúdo formal ao conteúdo material, o que significa a uma finalidade que não é a que põe a forma (mas o valor de uso como finalidade só se explicitará mais adiante) e a um objeto que é objeto material e não objeto formal. Mas, porque se põe entre parênteses a forma, uma e outra determinação são gerais e indeterminadas[17].

Consideremos agora a matéria nessa sua realidade geral antropológica. Ele se desdobra por sua vez em matéria e forma. De fato, os valores de uso são constituídos por dois elementos, a matéria natural (ou substrato) e a *forma,* que vem do trabalho concreto[18]. É aqui que mais nos aproximamos da distinção aristotélica. A noção de conteúdo por

---

16. Na realidade, há três distinções: forma e essência, forma e matéria, e forma e conteúdo (Hegel 29, pp. 66 e ss., *idem* 24, pp. 93 e ss.).
17. Bem entendido, elas não são fundantes mas pressupostas. Elas não resultam de uma abstração a partir do discurso posto, mas de uma negação (que se pode ler também como uma redução) do discurso posto.
18. "Os valores de uso roupa, tela etc., em resumo, os corpos mercadoria, são combinações de dois elementos, matéria natural *(Naturstoff)* e trabalho. Se se retirar a soma de todos os trabalhos úteis diversos, que se encontram na roupa, na tela etc., resta sempre um substrato *(Substrat)* material que está lá por natureza *(von Natur)* sem intervenção do homem. Na sua produção, o homem só pode proceder como a própria natureza, isto é só pode alterar a forma das matérias". E, em nota, vem uma citação do economista Pietro Verri *(Meditazioni sulla economia politica,* 1771 – citamos segundo a versão que dá a tradução francesa de J.-P. Lefebvre): "Todos os fenômenos do universo, que eles emanem do homem ou das lei gerais da física, nos dão a impressão de ser não criações atuais, mas uma simples transformação da ma-

sua vez – dissemos – introduz (mas não sempre) a *finalidade* material. Para dar um exemplo, utilizamos o texto da versão primitiva da *Contribuição à crítica da economia política*: "No movimento M-D-M o *material (das Stoffliche)* aparece como o próprio *conteúdo (Inhalt)* do movimento; o movimento social só como mediação evanescente, para satisfazer as necessidades individuais. Metabolismo do trabalho social. Nesse movimento, a supressão da determinação de forma, isto é, das determinações que nascem do processo social, aparece não só como resultado, mas como *fim (Zweck);* assim como o processo em justiça para o camponês, embora não para o advogado" (Marx 43, p. 925; *idem* 42, p. 233; grifo nosso).

Tem-se, assim, do lado do conteúdo material, as noções de conteúdo, de matéria ou substrato e de forma. Essas noções remetem imediatamente ao universo pressuposto das determinações antropológicas, mas reaparecem – ou antes são postas –, no universo do modo de produção capitalista, precisamente como a matéria e o conteúdo postos. Mas o universo posto é precisamente o da forma. Inicialmente há exterioridade entre a forma enquanto tal e a matéria posta na forma: a matéria posta (os valores de uso dentro do sistema) são *suportes (Träger)* dos valores de troca que representam as formas enquanto tais. O conteúdo material é por ora exterior à forma e, embora suporte, é ele que representa, nos limites da circulação simples, o verdadeiro conteúdo (o outro conteúdo ainda não se desenvolveu); por isso mesmo ele também pode ser chamado de *substância:* "Na medida em que é considerada a pura forma, o lado econômico da relação – o *conteúdo (Inhalt)* fora dessa forma – cai ainda, a rigor, totalmente fora da economia, ou é posto como conteúdo natural diferente do conteúdo econômico, [conteúdo natural] do qual se pode dizer que ele está totalmente separado da relação econômica, porque ele ainda coincide com ela imediatamente (...)" *(idem* 43, p. 153; *idem* 46, I, p. 181; grifo nosso). (Os dois coincidem imediata-

---

téria. Junção e separação são os únicos elementos que o espírito humano encontra e reencontra constantemente quando analisa a idéia de reprodução; o mesmo ocorre para a reprodução do valor (valor de uso (...) (...) KM) e da riqueza, quando a terra, o ar e a secreção de um inseto se transformam em seda ou que várias partículas metálicas se organizam em conjunto para formar um relógio de repetição" (Marx 44, pp. 57, 58; *idem* 41, pp. 48, 49). O texto de Marx é aristotélico. No de Verri as diferenças de forma aparecem antes como diferenças mecânico-geométricas.

mente porque a forma ainda não se desenvolveu, mas por isso mesmo estão separados: a forma ainda não se apropriou do conteúdo material.) " A mercadoria enquanto tal – sua particularidade – é (...) só um *conteúdo* indiferente, só [um conteúdo] acidental, e em geral só um conteúdo representado, que cai fora da relação formal econômica *(ökonomische Formbeziehung);* ou a relação formal econômica é só uma forma superficial, determinação formal, fora de cujo domínio se situa a *substância* efetiva, e que não se relaciona absolutamente com esta última enquanto tal (...)" (Marx 43, p. 180; *idem* 46, I, p. 210; grifo nosso)[19].

A forma é inicialmente valor de troca. O sentido da passagem do valor de troca ao valor é hoje relativamente conhecido, mas é preciso inseri-la no interior da dialética da forma. Como ocorre para outras passagens d'*O Capital* há uma leitura dialética desse movimento, que é a que se impõe, mas poderia haver também uma leitura de estilo fenomenológico em sentido husserliano. No primeiro caso, a passagem representa uma primeira queda no fundamento *(Grund).* No segundo se teria uma espécie de "redução". Mas de forma alguma se tem uma generalização, como se pensou equivocadamente, embora Marx utilize de fato além do termo "reduzido" *(reduziert),* o termo "comum" *(gemein)* (Fausto 14, pp. 89-138).

---

19. "A mercadoria enquanto tal – o seu valor de uso particular – é (...) só *motivo material (stoffliches Motiv)* da troca, ela cai entretanto enquanto tal fora da determinação formal econômica *(ökonom[ische] Formbestimmung);* ou a determinação formal econômica é só forma superficial, determinação formal, que não entra no domínio da *substância (Substanz)* efetiva da riqueza e não se relaciona absolutamente com a substância enquanto tal" (Marx 43, pp. 934, 935; *idem* 42, p. 243; grifo nosso). Nesse texto a noção de matéria indica o caráter da finalidade. Em outro se reúne numa mesma expressão conteúdo, matéria e substância: "(...) dinheiro contra mercadoria: isto é, o valor de troca da mercadoria desaparece diante do seu *conteúdo material (substância) (ihren materiellen Inhalt (Substanz)):* ou mercadoria contra dinheiro, isto é, seu *conteúdo (substância) (Inhalt (Substanz))* desaparece diante da sua *forma* como valor de troca. No primeiro caso se apaga a *forma* do valor de troca, no segundo a sua substância; assim nos dois casos a sua realização *(Realisation)* é evanescente" *(idem* 43, pp. 171-2; *idem* 46, p. 200). E também: "No interior da própria esfera [da circulação simples] a diferença [entre mercadoria e dinheiro] só existe de fato como diversidade superficial, pura diferença de forma" *(idem* 43, p. 179; *idem* 46, I, p. 209).

Que a própria idéia de um valor de troca intrínseco apareça como uma "contradictio in adjecto" porque o valor de troca parece ser "algo acidental e puramente relativo" significa que a multiplicidade de valores de troca qualitativa e quantitativamente diferentes (e entretanto ligados por uma igualdade) se apresenta ela mesma como uma contradição. O valor será o conteúdo *(Gehalt)*[20] do qual o valor de troca será "o modo de expressão, a *forma* fenomenal"[21].

Mais adiante, embora uma única vez, a igualdade que assim se constitui será dita igualdade de *essência*[22]. O que se tem aí é, assim, a dualidade essência/forma da *Lógica* de Hegel (Hegel 29, p. 66; idem 24, p. 93). O fundante é a essência e o fundado é a forma. Essa redução se completa entretanto por uma outra, a dos trabalhos concretos no trabalho abstrato. Que aqui também não se trata de uma generalização é hoje suficientemente conhecido (Fausto 14, pp. 89-138). Mas de novo é preciso situar o movimento na dialética da forma. Trabalhos qualitativamente diferentes se opõem entre si. A oposição se resolve no *Grund* (fundamento e abismo). Os opostos – ou a oposição – caem no abismo. Nessa operação importa também ressaltar o fato de que a igualização se faz pela redução das finalidades diversas dos trabalhos concretos em proveito de um trabalho "sem" finalidade. A produção capitalista tem finalidade, a valorização, mas o trabalho abstrato enquanto tal não tem propriamente finalidade: sem dúvida, a finalidade da produção capitalista é a produção do (sobre-) valor, mas é a produção capitalista enquanto tal, isto é, a produção capitalista com o *capital* – um quase-vivente *posto*, que tem como finalidade (uma quase finalidade *interna*) a produção do (sobre-)valor. Por sua vez, o trabalho concreto, que tem uma base subjetiva, tem como finalidade (finalidade que é técnica, *externa*) a produção de valores de uso. Mas o trabalho abstrato, que só pressupõe (isto é, que nega a posição do) o valor, fica de certo modo

---

20. *Gehalt*, a distinguir de *Inhalt,* significa "conteúdo". Mas como "teor", "elemento constitutivo".
21. "O valor de troca só pode ser em geral o modo de expressão, a 'forma fenomenal' de um conteúdo *(Gehalt)* diferente dele" (Marx 44, p. 51; *idem* 41, p. 41).
22. "(...) essas coisas diferentes em termos sensíveis não podem se relacionar umas com as outras como grandezas comensuráveis sem essa *igualdade de essência (Wesensgleichheit)*" *(idem* 44, p. 73; *idem* 41, p. 67; grifo nosso). Trata-se da passagem sobre Aristóteles e a expressão do valor.

além da finalidade externa e aquém da finalidade interna. O valor é para ele mais propriamente *resultado* – resultado quase-químico e não quase-biológico – do que fim. Nesse sentido, poder-se-ia dizer que há aí uma "finalidade sem fim", mas numa acepção diferente da que se encontra na terceira *Crítica* kantiana[23].

Em termos da dialética da matéria e da forma o movimento em direção ao *Grund* nos conduz ao que seria a matéria da forma, mais precisamente à *substância* da forma. A substância do valor é o trabalho abstrato. *Mas o trabalho abstrato não é a rigor o análogo, no interior da forma, do trabalho concreto*. Ele é antes o análogo da matéria, que é o *substrato* (também a *substância)* natural. O trabalho abstrato é a substância social análoga e oposta à substância natural.

O trabalho concreto, por sua vez, não é o análogo do trabalho abstrato, mas o análogo do valor ou mais ainda da forma do valor. De fato, o trabalho concreto dá "forma" à substância natural, como o valor ou mais ainda a forma do valor (o primeiro é a simples cristalização do trabalho abstrato) "dá forma" à substância social. O que não elimina a unidade do trabalho concreto e do trabalho abstrato.

Que a forma tenha uma substância significa também que ela tem um conteúdo. Mas esse conteúdo permanece, como já dissemos, subordinado ao conteúdo material, isto é, ao valor de uso, que permanece sendo a finalidade posta: *"A circulação [simples RF] não leva (trägt) (...) com ela mesma o princípio da auto-renovação. Os momentos dela lhe são pressupostos,* não são postos por ela mesma. As mercadorias devem ser lançadas nela constantemente e de fora cada vez à maneira *(wie)* do combustível no fogo" (Marx 43, p. 166; *idem* 46, I, p. 195; grifado por Marx)[24]. O conteúdo da forma ainda não se impôs ao con-

---

23. "(...) a existência da roupa, da tela, de cada elemento da riqueza material que não existe naturalmente, tem sempre de ser mediada por uma atividade produtiva *intencional (zweckmässig)* especial (...)" (Marx 44, p. 57; *idem* 41, p. 48; grifo nosso). E quanto ao trabalho abstrato: "O trabalho do alfaiate *(Schneiderei)* e a fiação *(Weberei)*, embora atividades produtivas qualitativamente diferentes, são ambos gasto produtivo de cérebro, músculo, nervo, mão etc. do homem *(menschliche)*, e nesse sentido [são] ambos trabalho humano" *(idem* 44, pp. 58-9; *idem* 41, p. 50). Observe-se que nesse último texto, a propósito do trabalho abstrato, não se fala em finalidade alguma mas só em gasto, em dispêndio de energia. De certo modo esse dispêndio é ele próprio a finalidade. Porém, mais precisamente, a finalidade é aqui "suprimida" *(aufgehoben)*.

teúdo da matéria. Como se fará isso? O primeiro passo é que a forma se *ponha* na matéria[25]. Isso se dá com a forma do valor de que a dialética da forma do valor é o desenvolvimento. Mas em relação ao dinheiro esse desenvolvimento é uma gênese: a dialética da forma do valor é a gênese lógica do dinheiro. Trata-se em geral de passar de uma situação em que a matéria é suporte da forma a uma outra em que a forma se *encarna* na matéria. Sem dúvida, com a forma do valor (o valor de troca) já se tem a posição da forma na matéria, mas essa posição é inicialmente ideal e não real. O valor de uma mercadoria se exprime no valor de uso de outra. Da primeira se dirá que ela toma a forma relativa, da segunda, que ele toma a forma equivalente. A forma equivalente é, assim, uma determinação formal como a forma relativa, mas ela remete não à forma de uma mercadoria enquanto ela está refletida no valor de uso de outra, mas à determinação formal que ganha o valor de uso, a matéria, de uma mercadoria enquanto ela serve de "refletor" à forma de outra[26].

A dialética da forma do valor (a gênese do dinheiro) opera a passagem dessa posição ideal a uma posição real da forma na matéria. Essa passagem corresponde à fixação de *uma* matéria[27] que servirá como matéria *da* forma (como encarnação material da forma). Nesse momento, a "forma equivalente geral (...) adere *(verwachsen)* à forma natural es-

---

24. "A circulação simples é por um lado a troca de mercadorias existentes *(vorhandern* apenas existentes, RF) e apenas a mediação desses seus extremos *pressupostos* que se situam além dela" (Marx 43, p. 923; *idem* 42, p. 231; grifamos "pressupostos"). "A circulação simples só é na realidade circulação do ponto de vista do observador ou *em si,* [ela] não [está] posta enquanto tal. Não é o mesmo valor de troca – precisamente porque a sua substância é uma mercadoria determinada – que é primeiro dinheiro, e outra vez vem a ser mercadoria; mas são sempre outros valores de troca, outras mercadorias que aparecem diante do dinheiro. A circulação, o circuito *(Kreislauf),* consiste apenas na simples repetição ou alternância das determinações do dinheiro e da mercadoria, não no fato de que o ponto de partida efetivo é também o ponto de retorno" *(idem* 43, p. 172; *idem* 46, p. 201; grifado por Marx).
25. Na realidade a forma da forma (a forma do valor) se põe na unidade da matéria e da forma da matéria (a mercadoria como valor de uso).
26. Sobre a forma do valor, ver o item seguinte.
27. Passa-se assim de uma pluralidade de matérias (uma das quais encarna *cada vez* uma forma), a *uma* matéria, que é a matéria *adequada.* A dialética do capítulo "Força e entendimento..." na *Fenomenologia do espírito* segue o mesmo caminho, na medida em que se passa de polaridades que não se fixam a polaridades determinadas mas por isso mesmo "infinitas" (Hegel 21, pp. 102-9; *idem* 22, pp. 175-206).

pecífica" (Dognin 8, pp. 164-5; Marx 44, p. 83; *idem* 41, p. 79). "O valor de troca (...) está agora ligado imediatamente ao valor de uso" *(idem* 45, p. 35; *idem* 42, pp. 27-8). Com o dinheiro – enquanto equivalente geral encarnado no ouro e na prata[28] – a forma se liga à matéria (da matéria). Até o momento do equivalente geral, a forma (a substância da forma) se encarna no resultado de um trabalho concreto, num objeto que é constituído por matéria natural e forma. No equivalente geral, o trabalho concreto – digamos, o da extração do metal – também está presente, mas ele não é mais a "forma" imediata.

Agora a substância social aparece como posta no seu análogo, a substância natural. O dinheiro é a materialização ou a realização da forma e a idealização da matéria. Tanto na mercadoria como no dinheiro há valor de uso (matéria) como valor de troca (forma), mas na mercadoria o valor de uso é real e o valor de troca ideal, no dinheiro tem-se o contrário disso: "Na mercadoria particular, na medida em que ela é preço, a riqueza [aqui riqueza é valor de troca, RF] só é posta como forma *ideal*, que ainda não está realizada *(realisiert);* (...) no dinheiro, pelo contrário, o preço está realizado, e a substância deste é a própria riqueza (...)" *(idem* 43, p. 132; *idem* 46, I, p. 159). Nesse momento há, assim, de um lado uma matéria privilegiada, matéria que encarna a forma, e de outro a multiplicidade das outras matérias, o "caos" dos valores de uso[29]. O movimento seguinte – mas ele ultrapassa a primeira seção – será a idealização de todas as matérias, o que equivale à materialização universal da forma. Isto ocorrerá na passagem ao capital. Com ele todas as mercadorias funcionarão como dinheiro[30], subsistindo entretanto, no interior dessa forma universal, a diferença entre forma e matéria, isto é, entre dinheiro e mercadoria[31]. Porém essa universalização da posição da forma na matéria só é possível porque o con-

---

28. Para simplificar, consideramos o equivalente geral já na forma dinheiro.
29. "Mas na medida em que o valor de troca enquanto tal é fixado no dinheiro, o valor de uso só o afronta como *caos* abstrato" (Marx 43, p. 179; *idem* 46, I, p. 159; grifo nosso).
30. "Ele [o capital] permanece dinheiro, mesmo quando se torna mercadoria" *(idem* 43, p. 941; *idem* 42, p. 249). De certo modo, se volta aqui a uma pluralidade de matérias. Desse ponto de vista, não há mais uma matéria privilegiada para a forma.
31. "O capital se torna alternativamente mercadoria e dinheiro; mas 1) *ele é ele próprio a mudança (Wechsel) dessas duas determinações*; 2) ele se torna mercadoria; mas não é esta ou aquela mercadoria, e sim uma *totalidade de mercadorias*.

teúdo (a substância) da forma se põe na essência da forma (o trabalho se põe no valor, a produção na circulação). Com o que, a substância se torna Sujeito. E a forma e o conteúdo (a substância) da forma serão articulados como Sujeito e forma fenomenal. Mercadoria e dinheiro não serão mais, enquanto valores de troca, formas de uma essência, mas formas fenomenais de um Sujeito. Passa-se do juízo "o valor é... valor de troca" aos juízos "o capital é mercadoria", "o capital é dinheiro"[32]. Posta universalmente na matéria, e interiormente posto o seu conteúdo (substância) na sua forma, o que faz com que se passe da substância (trabalho) ao Sujeito (capital) – a forma se realizou completamente. A forma passa, então, ao conteúdo. *A forma passa a ser o conteúdo. O conteúdo não está mais na matéria mas na forma.* Ou a matéria, o conteúdo material, passa a ser forma. E a forma ocupa o lugar que era o da matéria, o lugar da substância. A "neutralização" da finalidade no trabalho abstrato deixava subsistir a finalidade representada pelo valor de uso. Agora, investida na essência e transformada por isso em Sujeito, a substância (da forma) se torna substância pura e simplesmente (conteúdo, finalidade), e faz do conteúdo material, simples meio, mera forma. O conteúdo se torna forma e a forma se torna conteúdo. O que significa que também se completa a dialética da finalidade. A finalidade se interioriza, porque a finalidade externa se reduz a meio, e a finalidade "suprimida" ("sem fim", à sua maneira) ganha um fim próprio (o próprio fim que está inscrito negativamente na finalidade a seu modo sem fim do trabalho abstrato). A matéria e o conteúdo material não são mais suportes da forma, pelo contrário, *a forma os suporta,* e em geral eles são *mediadores do processo,* assim como anteriormente, na circulação simples, a forma era a mediação.

Há ainda um último movimento (nos limites das seis primeiras seções d'*O Capital*). Se o capital enquanto forma-processo, forma que se

---

Ele não é indiferente diante da substância, mas diante da forma determinada; ele aparece por esse lado como uma metamorfose constante dessa substância; na medida em que portanto ele está posto como conteúdo particular do valor de troca, esta particularidade é ela mesma uma totalidade de particularidade; por isso [ele] não [é] indiferente diante da particularidade enquanto tal, mas diante da particularidade individual ou individualizada" (Marx 43, p. 173; *idem* 46, I, p. 202; grifado por Marx).

32. Ver acima as notas 11 e 14.

tornou sujeito, universalizou a idealização da matéria, *ele singulariza de novo a matéria*. Ele "seleciona" um valor de uso que lhe corresponde, que lhe é de certo modo adequado, assim como o valor de troca "escolhia" um valor de uso em que ele iria se espelhar como dinheiro. Tem-se agora um valor de uso adequado ao valor-Sujeito, como antes se tinha um valor de uso adequado ao valor simplesmente. Porém agora ele *não se porá* mais, propriamente, na matéria privilegiada, ele antes a *incorporará* como matéria que lhe é própria, e de certo modo como matéria substancial. Matéria para a forma. Não substância da forma, mas substância ("material" porque valor de uso) para a forma.

Esse valor de uso é a força de trabalho. Valor de uso (matéria) que consiste em produzir valor e mais-valor (forma). "O único oposto *(Gegensatz)* ao trabalho *objetivado (vergegenständlichte)* é o trabalho *não objetivo (ungegenständliche);* em oposição ao trabalho *tornado objeto (objektivierten)* ele é trabalho *subjetivo.* Ou em oposição ao trabalho passado mas *espacialmente existente, o trabalho existente no tempo,* o trabalho vivo. Enquanto trabalho não objetivo *(ungegenständliche)* (e por isso ainda não objetivado *(vergegenständlichte))* existente no tempo, ele só pode ser *faculdade (Vermögen),* possibilidade, capacidade *(Fähigkeit),* como *capacidade de trabalho* do sujeito vivo. Ao capital como trabalho objetivado que se mantém em si mesmo de modo autônomo só pode [se] constituir [como] oposto à própria faculdade de trabalho viva (...)" (Marx 43, p. 942; idem 42, p. 250)[33]. O oposto do valor que se tornou sujeito, e que assim incorporou a si mesmo a substância daquele, é a força de trabalho, a potência de trabalho. A potência de trabalho é o próprio valor mas como *potência*, não como *ato.* Aqui, *a dualidade matéria e forma passa na dualidade potência e ato.* A matéria é, assim, sucessivamente suporte da forma, encarnação da forma e substância da forma – substância no sentido de que ela é a potência de que a forma é o ato. Como vimos, o conjunto desse movimento faz com que a matéria passe alternativamente de uma universalidade-particularidade (ela é qualquer diante da forma) a uma singularidade: ela é sucessivamente suporte qualquer da forma do valor, matéria de-

---

33. Grifamos as referências ao espaço e ao tempo. O texto termina assim: "(...) e assim a *única troca* através da qual o dinheiro pode vir a ser capital é aquela em que o possuidor do dinheiro *(desselbem)* entra com o possuidor da força de trabalho viva, isto é, com o trabalhador" *(id., ibid.,* grifo nosso).

terminada para o dinheiro, mercadoria indeterminada enquanto capital (no interior da circulação – ou antes na forma geral do capital), mercadoria determinada – força de trabalho – diante do capital. A forma, por sua vez, percorreu o conjunto do processo da posição interna e externa, processo que permite que ela se faça conteúdo. Como valor ela se faz essência, depois substância (pela redução dos trabalhos concretos ao trabalho abstrato, o trabalho formador da matéria (natural) se tornou substância – formal – da forma) – em seguida ele se põe numa matéria (ouro, prata), depois, como capital ele se põe em todas as matérias, ao mesmo tempo que internamente sua substância e conteúdo (o trabalho) se põem na forma como essência (valor): a forma se torna Sujeito. Aí ela encontra uma matéria própria, que é a sua própria substância mas como *potência*, a força de trabalho.

Restaria analisar a relação da forma como forma social específica ao conteúdo enquanto realidade antropológica geral. Também aí se instaura uma dialética entre forma e conteúdo, dialética que não é imediatamente visível. Ela se situa na teoria da reprodução, na análise da interversão das relações de apropriação. Indicamos aqui só o seu sentido geral. Poder-se-ia dizer que na análise da interversão, a forma social específica é posta no conteúdo geral, na medida em que ela aparece como momento da *história da exploração*. A história da exploração aparece de certo modo como um termo médio. Ela é de certo modo a forma do conteúdo, na qual a forma social específica se põe. Voltaremos a isto em outro volume desta série.

***

Porém qual é a relação dessa dialética – ou dessas dialéticas – com o movimento da forma e do conteúdo em Hegel? O texto hegeliano que corresponde mais de perto ao que foi visto é o "fundamento absoluto", na lógica da essência (Hegel 29, pp. 66-76; *idem* 24, pp. 93-108). A passagem da aparência à reflexão *(idem* 29, p. 13, *idem* 24, p. 17) tem também alguma analogia com ele, mas não permite aparentemente levar muito longe o paralelismo. Por outro lado, é verdade que o fundamento é em parte mais "avançado" logicamente do que a passagem do valor de troca ao valor; ele invade em alguma medida o universo que corresponde ao da passagem ao capital. Apesar dessas dificuldades, vale a pena comparar os dois textos.

O fundamento resulta da dissolução da contradição (Hegel 29, p. 51; *idem* 24, p. 72). Os termos opostos não vão apenas "ao fundo" *(zugrundegehen),* mas vão ao seu fundamento *(zum Grund),* ou antes voltam ao fundamento *(idem* 29, p. 53; *idem* 24, p. 74), já que este estava pressuposto. Seguem-se, então, três dialéticas: a da forma e da essência, a da forma e da matéria e a da forma e do conteúdo. A primeira contém a passagem ao *substrato;* opõe-se primeiro forma e essência e depois forma e substrato. Nesse sentido, haveria em geral quatro oposições à forma.

Da dissolução da contradição resulta, assim, a dualidade forma e essência. A forma é o análogo da forma fenomenal valor de troca, do texto d'*O Capital.* A essência é o análogo do valor. Os dois termos se relacionam como fundamento e fundado: "A determinidade da essência como fundamento torna-se assim a [determinidade] duplicada, do fundamento e do fundado. Ela é primeiramente a essência como fundamento, determinada a ser essência, como não ser-posto, diante do ser posto. Em segundo lugar ela é o fundado, o que não é em si e para si, o ser-posto como ser-posto" *(idem* 29, p. 66; *idem* 24, p. 93). Tem-se, assim, uma identidade do positivo (a do fundamento) e uma identidade do negativo (a do fundado). Essas duas identidades constituem "uma única e mesma identidade (Hegel 29, p. 67; *idem* 24, p. 94), que "não é (...) ela mesma o fundamento" *(id., ibid.),* porque é a unidade do fundamento e do fundado. Essa unidade é caracterizada como sendo "a essência em geral" diante "da sua mediação" *(id., ibid.)* e, mais adiante, como "substrato" *(idem* 29, p. 67; *idem* 24, p. 95), o qual por sua vez se opõe à forma. Na medida em que na forma como oposto ao substrato subsiste a diferença entre o fundante e o fundado, talvez se possa comparar o substrato à substância trabalho, e os dois momentos da forma ao valor e ao valor de troca. Isto é, a oposição entre de um lado a identidade do fundamento e do fundado (do ser-posto), e de outro o substrato como a identidade deles, nos conduz a três momentos, que estruturalmente se poderia fazer corresponder ao trabalho (substância), ao valor (forma fundante) e ao valor de troca (forma fundada). O substrato é de resto chamado de *base (Grundlage)* ou "base simples" *(einfache Grundlage) (idem* 29, p. 68; *idem* 24, p. 96). O passo seguinte é a posição da base no fundamento *(id., ibid.).* Se com isto se quer dizer que a base ela mesma é fundamento, isto confirma a analogia (o trabalho é o fundamento substancial), mas se se trata da posição da base no fundamento enquanto momento do outro pólo, isto é, da forma, o análogo n'*O Capital* já seria a reflexão da substância no valor e a emergência do Sujeito. De qualquer modo, a posição da base no fundamento faz desta um momento da forma, "base indeterminada e inativa" (Hegel 29, p. 69; *idem* 24, p. 97), diante da qual a forma é o "posicionante e o determinante" *(id., ibid.)*. A base será assim "determinada como identidade desprovida de forma", como matéria *(Materie) (idem* 29, p. 70; *idem* 24, p. 98). Essa passagem do substrato à matéria é a mais problemática do ponto de vista d'*O Capital* e tocamos aí, talvez, num ponto em que aparece uma diferença essencial entre as duas dialéticas. Porém terminemos primeiro a exposição da dialética do fundamento absoluto, indicando, dentro de certos limites, as convergências. A dialética da forma e da matéria, que como vimos inclui a noção de substrato, só pode ser comparada com a dialética forma/matéria n'*O Capital,* se pusermos entre parênteses a passagem substrato/matéria. Nessa dialética, se tem como n'*O Capital,* primeiro, a relação de pressuposição entre forma e matéria, sua exterioridade inicial[34]. O segundo momento, que é descrito sucessivamente do ponto de vista da matéria e do ponto de vista da forma, é o da posição da forma na matéria: "(...) em primeiro lugar, ela [a forma] suprime a sua autonomia, faz de si algo de posto, algo que está num outro, e este seu outro é a matéria" (Hegel 29, p. 72; *idem* 24, p. 102)[35]. Vimos que a dialética da forma do valor e seu resultado, o dinheiro, representa essa posição n'*O Capital.* Essa posição se prolonga numa volta de cada um dos dois pólos a si mesmo *(idem* 29, pp. 72-3; *idem* 24, pp. 102-4), ou antes numa "identidade própria" na unificação com o outro. E um terceiro momento reunirá a posição no outro e a identidade na unificação com o outro. "O resultado é, em conseqüência, a unidade do ser-em-si e do ser-posto" *(idem* 29, p. 74; *idem* 24, p. 104). Há, assim, não mais a simples unidade do fundamento e do fundado, que representava o substrato, mas a "unidade posta" *(idem* 29, p. 74; *idem* 24, p. 105), que representa o conteúdo. O que poderia corresponder a esse movimento de unificação

---

34. "Inicialmente, forma e matéria se pressupõem reciprocamente" (Hegel 29, p. 72; *idem* 24, p. 101).
35. A descrição do ponto de vista da forma está em Hegel 29, p. 73; *idem* 24, pp. 103-4.

da forma e da matéria, que conduz ao conteúdo, é a passagem ao capital a partir da idealização da matéria e materialização da forma. Voltaremos a esse ponto. A dialética final é a da forma e do conteúdo. O conteúdo é unidade da matéria e da forma (Hegel 29, p. 75; *idem* 24, p. 106). Diante dele, está a forma, que "compreende tanto a forma como tal, como (...) a matéria" *(idem* 29, p. 75; *idem* 24, p. 107). Mas como o substrato, o conteúdo é fundamento: "O conteúdo tem esta [a relação fundamental] como forma essencial, e o fundamento, inversamente, tem um conteúdo" *(idem* 29, p. 76; *idem* 24, p. 107). O que significa, é a relação entre conteúdo e forma – o primeiro como unidade da forma e da matéria, o segundo como forma *e* matéria – que se estabelece entre fundamento e fundado[36]. Se antes era possível reconhecer no trabalho o análogo do substrato-fundamento, aqui se entrevê no capital o análogo do conteúdo diante das suas formas fenomenais ambas formais (ou "formalizadas"), a mercadoria (matéria) e a forma (dinheiro).

A dialética do fundamento absoluto nos seus vários momentos reproduz assim, em grandes linhas, a apresentação d'*O Capital*. De modo mais preciso, a dialética da forma e da essência corresponde inicialmente à passagem do valor de troca ao valor, e em seguida (enquanto oposição entre forma substância) à constituição da substância como trabalho abstrato. A dialética da forma e da matéria corresponde em geral à dialética da forma do valor e do dinheiro. A dualidade conteúdo e forma corresponde ao capital (mesmo se este, evidentemente como veremos mais adiante, representa ao mesmo tempo e mais ainda a passagem ao conceito). Entretanto, mesmo fazendo abstração das diferenças no detalhe da apresentação, subsistem diferenças essenciais entre a *Lógica* e *O Capital*, de que é preciso tratar agora.

Aparentemente, os dois textos têm uma estrutura análoga e mesmo um "estilo" similar: cada determinação se desdobra no interior dela mesma para produzir uma nova oposição. Subsiste entretanto uma diferença essencial. No texto de Hegel, há uma constituição da matéria e do conteúdo. A matéria é constituída a partir da essência e pela media-

---

36. "O fundamento se faz assim em geral fundamento determinado, e a própria determinidade é dupla; primeiro [determinidade] da forma, e segundo [determinidade] do conteúdo. Aquela é a determinidade [que consiste] em ser exterior ao conteúdo em geral, a qual, relativamente a esta relação é indiferente. Esta é a determinidade do conteúdo que o fundamento tem" (Hegel 29, p. 76; *idem* 24, p. 108).

ção do substrato, ele mesmo unidade da essência e da forma. Ora, se em geral também n'*O Capital* as várias determinações são progressivamente constituídas, matéria e conteúdo material são *pressupostos*, presentes desde o início. O movimento da apresentação não é nesse sentido um processo de constituição sobre o fundo do nada, mas um processo de constituição inscrito num fundo de pressuposições materiais, que é dado. Que esse fundo não permaneça igual a si mesmo, e seja objeto de posição e de negação, não altera essencialmente a questão. Fica a diferença entre uma dialética em que todas as determinações são constituídas pelo processo, e outra, em que a constituição está inscrita numa "base material". Perguntamo-nos se não se encontra aí pelo menos uma definição possível do materialismo de Marx. Alguns dos textos em que Marx se refere expressamente à dialética hegeliana vão nesse sentido. Referindo-se, a propósito da forma do valor, à objetivação do trabalho abstrato num trabalho concreto, o trabalho concreto que produz a mercadoria que se encontra na forma equivalente, Marx escreve: "Só o [conceito] hegeliano consegue se objetivar sem uma matéria *(Stoff)* externa". E, em nota, ele cita um texto da pequena *Lógica:* "O conceito que é inicialmente só subjetivo vem a *(schreitet dazu fort)* se objetivar conforme a sua própria atividade e sem necessitar para isto de um material exterior *(äusseren Materials)* nem de matéria *(Stoff)* [(...)]" (Hegel 19, adendo ao § 194, p. 351; *idem* 18, p. 609; Dognin 8, p. 56). A mesma significação deve ter o texto dos *Grundrisse* em que Marx se dispõe a corrigir a "maneira idealista" da sua própria apresentação: "Mais tarde, antes que a questão seja abandonada, será necessário corrigir a maneira idealista da apresentação *(idealistische Manier der Darstellung),* que produz a aparência de que se trata só de determinações conceituais e da dialética desses conceitos. Sobretudo a fórmula *(Phrase):* o produto (ou a atividade) se torna *(wird)* mercadoria; a mercadoria valor de troca; o valor de troca dinheiro" (Marx 43, p. 69; *idem* 46, I, p. 86).

O sentido dessa autocrítica é o seguinte: a sucessão das determinações não constitui um simples devir, porque elas se inscrevem numa matéria. Em lugar do devir deve intervir a posição. Só que paradoxalmente a posição, conceito central da lógica da essência, se efetua, pelo menos no início, sobre o fundo do nada (sem dúvida de um nada que é nada-do-ser). Tudo se passa como se a noção de posição em Marx, embora conservando as implicações que tem em Hegel (sobretudo a de ser uma diferenciação do idêntico), tomasse ao mesmo tempo o sentido "materialista" (justificaremos mais adiante essas aspas) de uma inscrição das formas num conteúdo material pressuposto. Sob um aspecto seremos levados a privilegiar mais adiante o papel da lógica do ser em Marx: de fato, as determinações devem se resolver sempre, ainda que num outro registro, num processo de "corrupção", o que não é o caso em Hegel. Mas nesse ponto, e em geral isto é mais importante, a lógica da essência devidamente relida, serve melhor à inflexão marxista da dialética do que a lógica do ser. A lógica que tem como substrato o ser é mais suscetível de uma leitura "idealista", porque esse ser é ele próprio imanente à constituição das formas. A lógica que tem como fundamento o nada (a lógica da essência) permite inserir uma matéria externa (a ser internalizada) em que se inscreve a dialética do objeto e a da apresentação dele. O texto sobre os limites da dialética que citamos em outro lugar[37] pode também ser pensado nesse contexto. Ele não indica apenas a dependência da forma dialética em relação ao conteúdo, mas também a dependência de conteúdos dialéticos em relação à matéria. A mesma coisa poderia ser dita da constituição do *conteúdo* (que como vimos indica entre outras coisas a finalidade do processo). A constituição de um conteúdo formal só pode ser feita sobre o fundo e na base da "supressão" de um conteúdo pressuposto (o da finalidade ligada ao valor de uso).

---

37. "Nesse ponto se mostra [de um modo] determinado como a forma dialética da apresentação só é correta quando ela conhece os seus *limites (Grenze)*" (Marx 43, p. 945; *idem* 42, p. 253; Fausto 15, p. 168; grifo nosso).

3

A DIALÉTICA
DA FORMA DO VALOR

—

A FORMA do valor ou o valor de troca, mas pensado para além da sua imediatidade inicial, resulta da posição da essência na forma fenomenal, o que se faz pela posição da forma (em geral) na matéria. Mais do que qualquer outra, a dialética da forma do valor se relaciona com a lógica hegeliana da essência. Por isso começamos por algumas considerações gerais sobre a doutrina hegeliana da essência.

O movimento da essência é um passar *(übergehen)* que não é mais um passar, um passar "negado": "O devir na essência, o seu movimento reflexionante, é (...) o movimento do nada ao nada e através disto de volta a si mesmo. *O passar ou devir se suprime no seu passar;* o outro que vem a ser nesse passar não é o não ser de um ser, mas o nada de um nada, e isto, ser a negação de um nada, constitui o ser" (Hegel 29, pp. 13-4; *idem* 24, p. 18; grifo nosso). Em vez do ser, do nada e do devir, existem pólos que se articulam interiormente, e que por isso mesmo não passam um no outro mas se põem. Entretanto, a essência deve ser pensada como um movimento, mesmo se na forma de um não movimento. Além disso, é preciso lembrar que o movimento da essência nasce de uma "supressão" da quantidade e da qualidade, determinações que na *Lógica* de Hegel já haviam ganho uma primeira unidade na dialética da medida (a essência é também a negação da medida). Na dialética da forma do valor, que remete à lógica da essência, as determinações não são mais em si mesmas qualidades nem quantidades, mas a unidade da quantidade e da qualidade. Por isso elas se apresentam como determinações que, na sua própria definição, invadem a esfera do outro. Porém, paradoxalmente, é essa não autonomia que garante a sua autonomia. Assim como o fato de conter em si o movimento, como movimento negado, faz com que elas não estejam imediatamente submetidas ao passar. Trata-se de uma lógica de determinações estáveis, porque não definíveis fora da relação com outro (mas a relação é primeira e o seu conteúdo é negativo), lógica que não é mais a da imediatidade mas a da mediação. Quando quantidade e qualidade afloram no interior desta lógica da essência, é como se a essência revelasse de novo esses seus elementos formadores.

Para que ele seja expresso, o valor de uma mercadoria deve ser posto no valor de uso de outra mercadoria. Se ele se puser no seu próprio valor de uso, a relação reflexiva se dissolve na tautologia x mercadorias A = x mercadorias A (20 varas de tela = 20 varas de tela) (Marx 44, p. 63; *idem* 41, p. 55; Dognin 8, I, pp. 114-5 e 160-1), tautologia que só exprime o valor de uso. Assim como toda interrupção do movimento do capital (que pertence mais precisamente à lógica do conceito) nos traz de volta à relação reflexiva que é da ordem da essência, toda ruptura da alteridade interior que exige o movimento da essência, nos devolve à lógica do ser. Essa "queda" na tautologia é na realidade um deslizamento da identidade essencial na identidade abstrata do ser, identidade cujo resultado *em termos reflexivos* é o nada. A única determinação possível seria o devir desse ser aí imediato num outro ser aí, mas isto escapa à inteligibilidade da essência (que não é da ordem do devir enquanto devir). Por outro lado, mesmo se a reflexão se fizer em outra mercadoria, se ela encontrar a forma e não a matéria desta última, o resultado será também tautológico (Marx 44, p. 65; *idem* 41, p. 57)[38]. A diferença em relação ao primeiro caso é que a tautologia não será mais "natural", mas formal. Não se cai na imediatidade do ser mas na imediatidade mediata da essência, porém pensada à maneira do entendimento: na imediatidade abstrata.

---

38. "Quando dizemos que as mercadorias enquanto valores são simples cristalizações do trabalho humano, nossa análise as reduz à abstração valor, mas não lhes dá nenhuma forma de valor distinta de suas formas naturais". Ver também e sobretudo Dognin 8, I, pp. 126-7. Já comentamos esse último texto em Fausto 14, pp. 185-6.

Cada um dos pólos se move num devir que não devém, e por isso mesmo, porque o devir é negativo, cada um só pode ser definido no seu movimento em direção ao outro (também o ser e o nada se definem um pelo outro, mas a "definição" pelo outro é passagem ao outro no caso do ser e do nada, o que não ocorre aqui). A forma relativa, que é o lado ativo, é um movimento de reflexão em direção a um "refletor", mas é só porque existe esse refletor que ele é esse movimento; inversamente, é só uma vez refletida a forma relativa, que o refletor, a forma equivalente, se constitui como tal. Mas esse puro movimento não é ainda o do conceito. O movimento ainda não se fez Sujeito, e por isso mesmo é constituído por *pólos*.

Os dois pólos repõem a oposição inicial entre valor de uso e valor de troca, os quais reaparecem respectivamente *no interior da forma*, como forma relativa e forma equivalente. Ou ainda, a mercadoria que se encontra na forma relativa vale imediatamente só como valor de uso, a que se acha na forma equivalente vale imediatamente só como valor de troca. A oposição interna se apresenta como oposição externa[39].

Poder-se-ia dizer que tanto a forma relativa como a forma equivalente têm um lado qualitativo e um lado quantitativo. Mas só a forma relativa tem uma *determinação* quantitativa[40]. Essa assimetria não é

---

39. "A consideração mais precisa da relação de valor à mercadoria B contida na expressão da mercadoria A mostrou que, no interior da mesma, a forma natural da mercadoria A só vale como configuração do valor de uso, a forma natural da mercadoria B só vale como forma do valor ou configuração do valor. A *oposição interna* entre valor e valor de uso contida na mercadoria é assim apresentada através de uma *oposição externa,* isto é, através de uma relação entre duas mercadorias, uma das quais, aquela cujo valor deve ser expresso só vale *imediatamente* como valor de uso, a outra pelo contrário, na qual se exprime valor, só vale imediatamente como valor de troca. A forma simples do valor de uma mercadoria é assim a forma simples de manifestação da *oposição* entre valor de uso e valor, contida nela" (Marx 44, pp. 75-6; *idem* 41, p. 70). Cf.: "(...) o valor de uso se torna forma de manifestação do seu *contrário*, o valor" *(idem* 44, p. 70; *idem* 41, p. 64). E também: "(...) o trabalho concreto se torna forma fenomenal do seu *contrário*, do trabalho, do trabalho humano abstrato" *(idem* 44, p. 73; *idem* 41, p. 67). Grifos nossos.
40. "(...) logo que o tipo de mercadoria roupa toma, na expressão de valor, o lugar do equivalente, a sua grandeza de valor não recebe nenhuma expressão como grandeza de valor. Na equação de valor ela figura antes como um *quantum* determinado de uma coisa *(Sache)"* (Marx 44, p. 70; *idem* 41, pp. 63-4). "A forma equivalente de uma mercadoria não contém nenhuma determinação quantitativa de valor" *(idem* 44, p. 70; *idem* 41, 64).

imediatamente evidente. Vejamos o que ela significa. Marx insiste sobre a necessidade de separar inicialmente o lado qualitativo do lado quantitativo. Que significa qualitativamente a relação? Qualitativamente, existe uma relação que faz aparecer o valor. Ela não constitui o valor, embora o valor não possa existir se não puder aparecer; a relação é condição necessária do valor, mas só constitui, faz constituir, a sua aparência. Supondo que a equação seja 40 varas de tela = 2 roupas, ela significa qualitativamente, no que se refere à tela, que está na forma relativa, que o valor contido na tela aparece pelo fato de que a tela se revela qualitativamente igual à roupa. Isto é, a redução do valor de uso tela ao valor contido nela (ou do trabalho concreto empregado na produção da tela ao trabalho abstrato que produz valor) se faz por uma espécie de redução do *valor de uso* tela ao *valor de uso* roupa. É esta última redução que faz *aparecer* a primeira. E se ela permite o aparecimento da primeira, e portanto do valor, é porque o valor de uso roupa vale aqui como valor, funciona como se fosse valor. Mas vejamos mais de perto agora o que ocorre do lado da roupa. A redução do valor de uso roupa ao valor (ou antes a aparição dessa redução) se opera aqui também através de uma segunda redução, mas, diferentemente do que ocorre com a forma relativa, ela não é redução de um valor de uso a um outro valor de uso. Aqui a redução mediatizante (a que faz aparecer uma outra redução) opera de um modo imanente, ela faz a roupa valer *imediatamente* como valor (ou o trabalho empregado na produção da roupa valer imediatamente como trabalho de produção de valor). A redução do valor de uso ao valor (a redução mediatizada) aparece porque o valor de uso se *transmuta* (imediatamente) em valor. Mas ele só se transmuta em valor porque um outro valor de uso se transmuta nele enquanto valor de uso, porque um outro valor de uso toma a forma do seu valor de uso. O valor da roupa aparece aqui, mas só no fato de que o valor de uso roupa aparece imediatamente como valor; mas isto só é possível porque a roupa reflete o valor da tela que passa a valer como roupa.

Poder-se-ia pensar que a essa dupla constituição qualitativa – a da forma relativa e da forma equivalente – corresponde uma dupla constituição também para a quantidade ou antes para a determinação quantitativa, mas não é o caso. Sem dúvida, se digo 40 varas de tela = 2 roupas, o 40 que quantifica o valor de uso tela como quantidade é reduzido a x horas de trabalho, e essas x horas de trabalho *(quantum* x da quantidade trabalho) se manifestam em 2 roupas, porque o *quantum* 40 como a quantidade tela que ela determina se põem na grandeza roupa. Pode-se ainda acrescentar, do lado da roupa: a quantidade de valor da roupa aparece pelo fato de que a quantidade roupa vale imediatamente como quantidade de valor. Até aqui a analogia com a qualidade parece perfeita. Porém o *quantum*, isto é, a *determinação* da quantidade de valor que existe na roupa (e a expressão "grandeza de valor" no texto de Marx parece também designar o *quantum*) não aparece. Sem dúvida ele está "lá" nas duas roupas, mas as duas roupas só exprimem o *quantum* de valor contido nas 40 varas de tela expressas na quantidade roupa. *Em si mesmo,* o 2 das roupas só quantifica um valor de uso, como de resto também o 40 da tela, mas o 2 da roupa quantifica reflexivamente a tela como valor, o que não acontece com o 40 da tela em relação à quantidade roupa. Dir-se-á que indiretamente também a roupa é quantificada como valor. O "indiretamente" designaria aqui, entretanto, algo duplamente indireto. Não designaria apenas o fato de que um *quantum* da quantidade abstrata se manifesta em *quantum* de quantidade concreta. Mais do que isto, significaria que é preciso inverter a equação, o que representaria uma *nova operação*. Por que essa assimetria? É que à quantidade corresponde uma determinação diferente dela que é o *quantum*. Há também, sem dúvida, uma determinação da qualidade. Porém na *Lógica* de Hegel essa determinação que corresponderia ao *quantum* é o ser-aí (o *Dasein*). Ora, na análise de Marx, a qualidade, o lado qualitativo não representa o ser em geral de que o *Dasein* é a determinação, ele representa já o *Dasein*. Roupa e tela não são "seres", mas "seres-aí", entes, seres determinados. Por isso a sua reflexão não dá origem a nenhuma determinação qualitativa ulterior. Enquanto quantitativamente eles são quantidades de trabalho abstrato (para a quantidade do valor de uso o problema não se coloca, são duas quantidades e dois *quanta*) e depois *quantum*. Porém só a primeira quantidade aparece como *quantum*. A segunda serve para exprimir o *quantum*, mas o que serve para exprimir o *quantum* não é *quantum,* mas quantidade. A assinalar que a pura quantidade, sem determinação quantitativa, sem *quantum,* tem ainda alguma coisa de qualitativo (ver *Lógica*). É nesse sentido que se explicam algumas passagens em que a ausência de *quantum* da forma equivalente aparece expressa em termos mais ou menos gerais como se se designasse a quantidade. A ausência de determinação quantitativa da forma equivalente pode também ser explicada, lembrando que a forma equivalente é a pressuposição do dinheiro. Que a forma equivalente seja a pressuposição do dinheiro poderia levar à conclusão contrária, mas ela seria ilusória. O dinheiro permite a expressão quantitativa do valor, mas ele mesmo não é expresso quantitativamente. Está aí toda a dificuldade.

Que as duas formas tenham um lado qualitativo e em geral um lado quantitativo (como quantidades puras), isto pode ser pensado, como dissemos, como resultado de uma espécie de "refração" da essência, já que a essência sucede à medida, que é a unidade da quantidade e da qualidade. Mas ela representa ao mesmo tempo a própria lógica da medida, pensada, contudo, como medida essencial.

Os dois pólos, a forma relativa e a forma equivalente, se desdobram num processo dialético cujos momentos são também chamados de "formas".

I – A FORMA SIMPLES

A primeira forma é dita *simples*, singular *(einzeln)* ou acidental *(zufällige)* (Marx 44, p. 63; *idem* 41, p. 55). Em termos da tábua kantiana das categorias, que retoma a classificação tradicional dos juízos[41], a forma simples corresponderia assim ao singular quanto à quantidade, e ao acidental quanto à modalidade. Quanto à qualidade, mostraremos que ela é positiva. (Em termos de relação ela talvez pudesse ser dita categórica, mas isto não é seguro). A essas determinações que Hegel retoma e modifica na *Ciência da lógica,* acrescentam-se duas características que correspondem mais diretamente à *Lógica* de Hegel (respectivamente à lógica da essência e à lógica do ser). A forma simples corresponde à *aparência (Schein)* e à *limitação*.

A forma simples se enuncia "x merc. A = y merc. B" ou "x merc. A vale y merc. B" *(x Ware A ist y Ware B wert) (idem* 44, p. 63; *idem* 41, p. 55). Ela se enuncia, também em forma não algébrica (forma posta entre parênteses): "20 varas de tela = 1 roupa" ou "20 varas de tela

---

41. O privilégio relativo que se dá aqui à tábua kantiana de categorias e à teoria clássica do juízo que ela pressupõe pode parecer discutível. Como se sabe, essa teoria é frágil. Mas, qualquer que seja sua consistência, ela representa não só a referência formal da lógica transcendental de Kant, mas também a da *Lógica* de Hegel (ver a estruturação da primeira seção da lógica hegeliana do conceito). Nesta medida, e os textos o confirmam, ela é privilegiada também por Marx.

valem 1 roupa". Vê-se que numa das formas de enunciação, a relação se exprime por uma identidade, no outro não[42]. Mas nos dois casos a relação tem um caráter *reflexivo* (em sentido dialético). A rigor dever-se-ia escrever "x merc. A = ... y merc. B", o signo "..." indicando a reflexão, e portanto o caráter não simétrico da relação[43]. A inversão seria possível[44], mas se a operarmos, os pólos mudam de significado. A parte que fica à esquerda da identidade reflexiva se *põe* na parte que fica à direita dela. Há dois pontos, de resto interligados, que conviria destacar aqui: um é o da relação entre forma do valor e linguagem[45]; o outro problema é o da distinção entre forma objetiva do valor e forma subjetiva (embora esta última só seja introduzida no texto de Marx a partir da forma II).

A forma do valor, já a partir da forma simples, aparece como objetivação de uma linguagem. O que *nós* dizíamos da mercadoria isolada agora dizem as próprias mercadorias:

---

42. No que se refere ao segundo enunciado, Marx afirma preferir a forma latina "valere, valer, valoir" à forma alemã *"Wertsein" (ist... wert)* (Marx 44, p. 67; *idem* 41, pp. 59, 60).
43. Em Hegel e em Marx, a "negação" do sujeito pelo predicado (embora os exemplos não se refiram a relações do tipo específico que consideramos) é representada não pelo signo "..." que utilizamos, mas por "–". Em Hegel, o signo "–" aparece, por exemplo, no parágrafo sobre a identidade, da grande *Lógica*: "Com efeito, se por exemplo à pergunta *que é uma planta?* se responde *uma planta é – uma planta*, a verdade de tal proposição é concedida por toda sociedade na qual ela é posta à prova, e ao mesmo tempo se dirá de modo igualmente unânime que com isto *nada foi dito*" (Hegel 29, p. 30; *idem* 24, pp. 43-4; grifado por Hegel). "(...) A *é* um começar sobre o qual paira *(vorschwebt)* algo diverso em direção ao qual se sairá, mas não se chega ao que é diverso; A é – A; a diversidade não é mais do que um desaparecer; o movimento volta a si mesmo" *(idem* 29, p. 31; *idem* 24, p. 44; grifado por Hegel). No que se refere a Marx, aqui vai um exemplo que corresponde antes ao que chamamos de juízo do devir (Fausto 15, pp. 20 e ss.): "Uma das criações mais perfeitas da manufatura era o próprio ateliê para a produção de instrumentos de trabalho e especialmente dos aparelhos mecânicos complicados que já eram utilizados (...). Esse produto da divisão manufatureira do trabalho produziu por sua vez – máquinas" (Marx 44, p. 390; *idem* 41, p. 415). A divisão manufatureira do trabalho produz... máquinas. Ver nosso comentário a respeito em Fausto 16, pp. 182-3.
44. Sobre a possibilidade de inversão dos pólos, ver Hegel 29, p. 43; *idem* 24, p. 62.
45. Já havíamos assinalado anteriormente essa relação com a linguagem. Ver, por exemplo, Fausto 14, p. 155. Também a questão da forma subjetiva. Sobre a forma do valor, o presente texto complementa e às vezes modifica nossas análises anteriores.

"Quando eu digo: *enquanto mercadoria* a tela é valor de uso e valor de troca, isto é o *meu juízo,* que obtive através da análise sobre a *natureza* da mercadoria. Pelo contrário, na expressão 20 varas de tela = 1 roupa ou 20 varas de tela valem 1 roupa [é] *a própria tela* [que] *diz* que ela é 1) valor de uso (tela), 2) *valor de troca* (algo igual à roupa) diferente do valor de uso, 3) unidade dessas duas [coisas] diferentes, portanto, mercadoria" (Dognin 8, I, pp. 144-5)[46]. Mas o dizer das mercadorias não é apenas objetivação da nossa linguagem (como, de um outro ponto de vista, da dos contratantes), ela é objetivação do *pensamento* das mercadorias: "Vê-se [que] tudo o que nos *disse* anteriormente a análise do valor da mercadoria, agora *diz* a própria tela, logo que ela entra em relação *(Umgang)* com outra mercadoria, a roupa. Só que ela trai os seus *pensamentos (Gedanken)* na única *língua* que lhe é accessível, a *língua* das mercadorias. Para dizer que é o trabalho na sua propriedade abstrata de trabalho humano que constitui o seu valor próprio, ela *diz* que a roupa, na medida em que é posta em equivalência com ela, isto é [na medida em que] é valor, está constituída pelo mesmo trabalho que a tela. Para *dizer* que a sua objetividade sublime de valor é diferente do seu corpo de linho rígido, ela *diz* que o valor tem o aspecto de uma roupa, e que ela mesma enquanto coisa-valor parece com a roupa como um ovo [parece] com outro" (Marx 44, pp. 66-7; *idem* 41, p. 59; grifo nosso). Aqui a forma do valor é apresentada como um dizer que exprime um pensamento. Esse pensamento é o análogo das relações internas (o valor e seus fundamentos) que se exprimem na *forma do valor*. Essa comparação com a linguagem faz pensar evidentemente na maneira pela qual os estruturalistas pensam o objeto, e o modelo lingüístico que eles utilizam. Há entretanto entre os dois casos diferenças importantes. Como a questão exige um longo desenvolvimento, tratamo-la em apêndice no final deste texto.

---

46. Grifamos "meu juízo", "a própria tela", e "diz". Essa objetivação da linguagem em relação a *nós* é também sob outro aspecto objetivação em relação aos contratantes. De fato, como mostramos em outro lugar (Fausto 14, p. 156), no suplemento à primeira edição d'*O Capital* (Dognin 8, I, pp. 116-7), Marx apresenta a forma do valor como o ponto de chegada de um diálogo entre os dois contratantes, em que cada um diz o valor da sua mercadoria. Ao dizer subjetivo dos contratantes se seguirá o dizer objetivo das mercadorias. Stanley Rosen ressalta o fato de que Hegel relaciona o mundo da economia com o universo da conversação (Rosen 51, p. 192). Marx passa por aí, mas o seu tema é a linguagem objetiva do sistema.

A distinção entre o lado objetivo e o lado subjetivo não introduziu até aqui nenhuma alteração no significado dos pólos. A subjetividade é até aqui subjetividade *da* objetividade. Porém Marx distingue uma forma subjetiva do valor, de uma forma objetiva, de tal modo que os sentidos dos pólos se alteram. Essa questão deve ser retomada. Aparentemente, entre a forma objetiva e a forma subjetiva há uma inversão dos pólos (o equivalente se torna forma relativa e vice-versa). Isto é verdade, mas a diferença é mais complexa. O texto que sugere que a forma subjetiva é inversa à forma objetiva é o seguinte (capítulo II): *"Na troca imediata de produtos cada mercadoria é imediatamente meio de troca para o seu possuidor,* equivalente para o seu não-possuidor, mas só na medida em que é para ele valor de uso" (Marx 44, p. 103; *idem* 41, p. 100; grifo nosso). É a primeira parte do texto que sugere mais propriamente a inversão: "Na troca imediata de produtos, cada mercadoria é imediatamente meio de troca para o seu possuidor". Ser imediatamente meio de troca caracteriza a forma equivalente. E entretanto se trata da mercadoria A que objetivamente está na forma relativa. É que ela está na forma equivalente *para o seu possuidor,* isto é, na sua relação para com o seu possuidor, e portanto subjetivamente[47]. *Para* A a mercadoria A é imediatamente alienável ou absolutamente alienável, ela *deve* ser *aceita* em troca de qualquer outra, embora – passa-se para o outro pólo – A escolha qual ou quais das outras lhe convêm. A sua mercadoria é para ele dinheiro. Mas o que significa a segunda parte do texto: "[Na troca imediata de produtos, cada mercadoria é] equivalente para o seu não-possuidor, mas só na medida em que é para ele valor de uso"? E que significa o que se lê num texto um pouco anterior: "(...) para cada possuidor de mercadorias, cada mercadoria alheia vale como equivalente particular da sua mercadoria, e por isso a sua mercadoria [vale] como equivalente geral de todas as outras"? *(idem* 44, p. 101; *idem* 41, p. 98). Esses textos exigem um comentário mais longo. De

---

47. A referência expressa ao caráter *subjetivo* da relação está num texto do *Suplemento* à primeira edição do *Capital* (texto que citamos em Fausto 14, p. 163): "Na forma de valor desenvolvida (forma II), uma mercadoria exclui todas as outras para nelas exprimir o seu próprio valor. Essa exclusão pode ser um *processo puramente subjetivo,* p.e., um processo do possuidor de tela, que avalia o valor de sua própria mercadoria em várias outras (...)" (Dognin 8, I, pp. 162-3; conservamos só um dos grifos de Marx).

um modo geral, seria preciso observar que na noção de equivalente (no seu sentido técnico) – como também inversamente na noção de forma relativa – se tem duas idéias: de um lado a de que a mercadoria equivalente funciona como *espelho* de valor (e a que está na forma relativa como a mercadoria que *se espelha),* de outro a idéia de que a mercadoria em forma equivalente é a que é *imediatamente trocável* (a que está em forma relativa só o é mediatamente). Em resumo, estão presentes duas idéias, a da reflexão do valor, e a da trocabilidade imediata. Marx define a forma equivalente tanto pela idéia de que representa a mercadoria imediatamente trocável como pela de que ela é a que reflete o valor de outras mercadorias. De um modo geral, as duas determinações estão tanto na forma subjetiva como na forma objetiva do equivalente. Entretanto a função reflexão parece mais nítida na forma objetiva, a função trocabilidade na forma subjetiva. Talvez se pudesse dizer que só a trocabilidade está posta (embora subjetivamente) na forma subjetiva, é que só a reflexão está posta (objetivamente) na forma objetiva. A função ausente estaria pressuposta. Porém seria mais preciso dizer que o que está dado na forma subjetiva é a *unicidade* da forma equivalente. É isto que falta na forma objetiva imediata, e por isso a trocabilidade imediata parece só pressuposta. Inversamente, o que falta na forma subjetiva é se situar no segundo membro da equação – condição para que a reflexão seja possível – e é nesse sentido que a condição de "refletor" aparece como meramente pressuposta. Ou se se quiser: a forma equivalente é unidade da unidade e da pluralidade. Inicialmente só a pluralidade está dada objetivamente, a unidade só existe subjetivamente. Se o desenvolvimento da forma equivalente irá pôr e assim unificar as duas funções que ela contém (a de refletor e a de "trocador" imediato) – além de *objetivar* ("encarnar"), como veremos, essas duas funções – ele unificará também pelo mesmo movimento – é a condição para que tudo isto se realize – a unidade e a pluralidade. Consideremos agora, antecipando-nos ao desenvolvimento, e só para elucidar a questão das formas subjetivas, como fica a relação com o surgimento (lógico) do dinheiro. Há de um lado a mercadoria e de outro o dinheiro. Aqui precisamente as funções se põem e se unificam objetivamente, e mais do que isto se "encarnam" numa forma material determinada. Como acabamos de dizer, isso pressupõe a unidade da unidade e da pluralidade. Porém o que resta da forma subjetiva? Ela desaparece? A rigor poder-se-ia dizer que ela se conserva. Mesmo com a constituição de uma forma que não é apenas objetiva mas objetivada, isto é encarnada, poder-se-ia falar de uma forma subjetiva, a que é definida pela relação entre os agentes e as duas mercadorias, a saber, a mercadoria e o dinheiro. Para o vendedor, subjetivamente, é a mercadoria e não o dinheiro que se encontra na forma equivalente. É ela e não o dinheiro que é "imediatamente trocável", isto é, é ela que *deveria* ser aceita imediata ou absolutamente. O dinheiro é, pelo contrário, o objeto cujo valor de uso (o valor de uso formal) importa. Ele está subjetivamente na forma relativa. Subsiste assim a relação inversa entre a forma objetiva e a forma subjetiva (se quisermos falar ainda numa forma subjetiva). Porém para elucidar inteiramente o problema é preciso dar ainda mais um passo – antecipando também – e considerar a possibilidade de uma inversão da forma dinheiro (Marx 44, p. 83; *idem* 41, p. 79). Ter-se-ia assim do lado esquerdo da equação a forma dinheiro e do lado direito a forma mercadoria. Quando isto ocorre se estabelece evidentemente uma homologia entre a forma subjetiva e a forma objetiva, a inversão desaparece. O dinheiro será tanto subjetiva como objetivamente a forma equivalente (se se quiser continuar a falar aqui em forma subjetiva). Porém se constitui como que uma nova camada intencional, instituída pela própria forma objetivada (mas desde que se inverta a relação). É uma espécie de intencionalidade do próprio objeto (isto é, dos pólos que se objetivaram, ou antes de um em relação ao outro), mas que como intencionalidade "funcional" deve ser distinguida da intencionalidade pura e simplesmente objetiva que os pólos (um em relação ao outro) contêm imediatamente em si mesmos. Assim, a forma equivalente objetivada (o dinheiro) se encontrará na forma relativa, e a forma relativa objetivada (as mercadorias) na forma equivalente. Ora, é à luz desse último caso (a inversão da relação mercadoria-dinheiro) que se deve ler o último dos textos citados: "(...) a mercadoria do outro vale como equivalente particular (...) a sua mercadoria como equivalente geral". Por um processo diferente do da intencionalidade do equivalente objetivado (diferente precisamente porque o processo aqui é puramente subjetivo) se chega ao mesmo resultado: a mercadoria A vale subjetivamente como equivalente geral, a mercadoria B, como equivalente particular. Como se fosse dinheiro diante de mercadoria. Assim o texto lê a inversão que opera o equivalente subjetivo como se fosse a inversão que opera o dinheiro quando é posto diante da mercadoria (a inversão do equivalente objetivado, diante da mercadoria). Se o texto parece um pouco paradoxal, na medida em que aparecem equivalentes dos dois lados da equação, dois pólos iguais e não dois pólos diferentes, é porque a rigor o equivalente particular de que se trata é na realidade o equivalente objetivo (embora se diga "para cada possuidor de mercadorias"), e só o equivalente geral é propriamente equivalente subjetivo. (O equivalente particular no caso só é subjetivo no sentido de uma subjetividade que não faz mais do que refletir ou suportar a objetividade.) Quanto à frase "[Na troca imediata de produtos cada mercadoria é] equivalente para o seu não possuidor, mas só na medida em que é para ele valor de uso", ela faz ressaltar a idéia de que o dinheiro ainda não se constituiu e que, nesse sentido, à forma equivalente objetiva, mas ainda não objetivada, corresponde a forma subjetiva relativa – valor de uso para o não possuidor – e nada mais. O texto completo deve, pois, ser lido desse modo: "Na troca imediata de produtos, cada mercadoria é imediatamente meio de troca para o seu possuidor, [isto é, é equivalente subjetivo para o seu possuidor, RF], [e por outro lado ela é, RF] equivalente [objetivo, RF] para o seu não-possuidor, mas só na medida em que é para ele valor de uso [isto é, só na medida em que para o não-possuidor ela está subjetivamente na forma relativa, ou seja, em que ela vale como valor de uso, RF]." O que significa: há na relação um equivalente subjetivo e um equivalente objetivo, mas a este último (e *a fortiori* ao equivalente subjetivo) não corresponde nenhuma forma cristalizada: ele é simplesmente o outro lado da forma relativa subjetiva. Assim, esse texto ressalta a inexistência do dinheiro na troca imediata; o texto anterior, pelo contrário, lê o significado da troca imediata *como se* o dinheiro estivesse lá, e do lado do sujeito A. Mas o que importa na idéia do equivalente subjetivo (e em geral dos pólos subjetivos) é que o germe do equivalente geral (como inversamente o da forma relativa plenamente desenvolvida) não está apenas em B, mas também em parte em A, embora precisamente em forma subjetiva. Em A está por um lado a posição (embora subjetiva) da determinação "trocabilidade imediata" (do lado de B, embora objetiva, ela parece antes pressuposta); e por outro lado, e sobretudo, está a *unicidade* (ou o desenvolvimento da unicidade) da forma equivalente (do lado de B ele se perde desde a segunda forma, a unicidade do equivalente se desenvolve assim do lado A não do lado B, em B se desenvolve a pluralidade). O equivalente geral será assim a unidade do equivalente subjetivo e do equivalente objetivo.

Na primeira forma "x merc. A = ... y merc. B", a mercadoria A pode exprimir o seu valor em quaisquer mercadorias que entram na relação de troca. Entretanto, se B pode ser qualquer mercadoria, só uma delas é efetivamente posta[48]. Ou seja, se *pressupõe* uma expressão disjuntiva "x merc. A = ... y merc. B ou x merc. A = ... z merc. C, ou x merc. A = ... p merc. D etc.", na qual entretanto só a primeira relação está *posta*. Se representarmos o que está pressuposto por uma expressão barrada por uma linha descontínua, teremos para a forma I:

(x merc. A = ... y merc. B) ᴠ (x̶ ̶m̶e̶r̶c̶.̶ ̶A̶ ̶=̶ ̶.̶.̶.̶ ̶z̶ ̶m̶e̶r̶c̶.̶ ̶C̶) ᴠ (x̶ ̶m̶e̶r̶c̶.̶ ̶a̶ ̶=̶ ̶.̶.̶.̶ ̶p̶ ̶m̶e̶r̶c̶.̶ ̶D̶) ᴠ etc.

Só a primeira relação reflexiva está posta[49].

II – A FORMA DESENVOLVIDA

A forma II, total ou desenvolvida, nasce da posição do que está pressuposto na forma I. A forma II corresponde ao particular no plano da quantidade, à negação no plano da qualidade. (No plano da relação ela deve corresponder à disjunção; no plano da modalidade, enquanto primeira negação da acidentalidade, ela corresponde à necessidade.) Ela representa por outro lado o infinito (que se encontra na lógica hegeliana do ser), mais precisamente o *mau* infinito, e também a dualidade essência/aparência (que é da lógica hegeliana da essência). Esta segunda forma é a seguinte:

(x merc. A = ... y merc. B) ou (x merc. A = ... z merc. C) ou
(x merc. A = ... p merc. D) etc.
(20 varas de tela = ... 1 roupa ou = ... 10 libras de chá ou = ... 40 libras de café etc.)

Essa forma poderia ser representada assim:
(x merc. A = ... y merc. B) v (x merc. A = z merc. C) v (x merc. A = ... p merc. D) v etc.[50]

A forma II está assim constituída pela forma I mais a posição do que nela estava pressuposto. *Ela põe o que estava pressuposto na fór-*

---

48. A é também qualquer, mas esse "qualquer" é determinado tanto no que é posto quanto no que está pressuposto.
49. Discutimos logo mais adiante a justificação do emprego do símbolo da disjunção.
50. Marx fala em *soma* de expressões a propósito dessa forma (Dognin 8, I, pp. 152-3 e 148-9; Fausto 14, p. 217, nota 72).

mula I. O símbolo "v" é o de uma disjuntiva ("ou" não exclusivo). Poder-se-ia perguntar se essa representação é correta, se, por exemplo, não seria melhor introduzir um "ou" exclusivo (alternativa, "w"), ou em sentido oposto uma conjunção ("e", ".")[51]. Sem dúvida, o contexto exige que *em cada instante* só uma das igualdades reflexivas se realize ou seja posta, e nesse sentido o "ou" deveria ser exclusivo. Entretanto a representação pelo símbolo da disjunção ("ou" não exclusivo) em lugar do da alternativa ("ou" exclusivo) é melhor, pela seguinte razão: considerando-se vários instantes, a coexistência é possível. Ora, como veremos, há casos em que a coexistência é impossível mesmo em diversos instantes. O "ou" exclusivo serviria melhor então. Quanto à possibilidade de representar a relação por uma conjunção, é preciso lembrar inversamente: 1) que as identidades reflexivas só coexistem aqui em instantes diferentes; 2) que, como veremos, há um caso, o do equivalente geral, em que a totalidade da série está posta no instante. É a ele que se deve reservar o símbolo da conjunção. (Teríamos assim: posição de todas as igualdades reflexivas no instante: conjunção; posição de uma igualdade reflexiva no instante, e das outras em outros momentos: disjunção; posição de uma única igualdade reflexiva e exclusão das outras mesmo em instantes diferentes: alternativa[52]. A con-

---

51. Aquém dessa objeção estaria a que põe em dúvida a legitimidade geral desse gênero de tradução. De nossa parte acreditamos que, quaisquer que sejam os perigos e as dificuldades que ela oferece, ela tem interesse, pelo menos enquanto não se tiver avançado suficientemente na explicitação das formas dialéticas. No fundo ela tem interesse, porque serve de revelador das diferenças entre as duas lógicas. Se Hegel introduz uma leitura dialética na identidade (como também da contradição e da diferença), deve haver também uma leitura dialética ou um análogo para as outras relações. Observamos que as formas de representação que propomos aqui são em parte diferentes das que sugerimos numa nota em Fausto 14, p. 217, n. 74.
52. No uso das noções de disjunção, de alternativa e de conjunção, operamos, como foi indicado, uma inflexão dialética. Mas onde reside precisamente a diferença entre as determinações formais e as determinações dialéticas? A diferença nas relações internas, as de igualdade, já foi indicada: passa-se a identidades assimétricas (reflexivas, em sentido dialético). Essa assimetria, também já vimos (Fausto 14 e 15, *passim*), só é pensável a partir da diferença entre pressuposição e posição. Para o caso das relações "externas" contidas na expressão (as que ligam as expressões globais dentro dos parênteses), a resposta deve ir na mesma direção. A inflexão dialética consiste em introduzir a diferença entre elementos postos e elementos pressupostos. Em geral, a passagem da lógica formal à lógica dialética se faz introdu-

junção representa aqui a singularidade universal. A disjunção, a singularidade não universal ou a particularidade. A alternativa significa a *posição* da não universalidade do particular.)

Se afirmamos que a essa forma corresponde a negação da acidentalidade (e nesse sentido a necessidade) e também a dualidade essência/fenômeno é porque aqui *aparece* a essência fundante. E essa aparição implica uma passagem do acidental ao necessário: "Na primeira forma '20 varas de tela = 1 roupa', pode parecer um fato *acidental (zufällig)* que estas duas mercadorias sejam intercambiáveis nessa *relação quantitativa determinada*. Na segunda forma, pelo contrário, brilha *(leuchtet)* imediatamente um fundo *(Hintergrund)* que difere essencialmente do *fenômeno acidental (zufällige Erscheinung)* e que o determina. O valor da tela permanece idêntico, seja ela apresentada na roupa, no café ou no ferro etc., nas inúmeras mercadorias diferentes que pertencem aos possuidores mais diversos. A relação *acidental* en-

---

zindo a distinção pressuposição/posição – acepção em que ela envolve a negação – num universo de determinações formais. A distinção (nessa acepção precisa, que a lógica formal desconhece) opera a passagem da lógica formal à lógica dialética, ela funciona como uma espécie de operador dialético. Assim: se compararmos a disjunção dialética que se encontra na forma II com uma disjunção formal, veremos que a diferença está na presença, no primeiro caso, desse duplo registro. O que distingue a expressão (1) que é uma disjunção dialética, precisamente a que consideramos, de (2) que é uma disjunção formal (a, b, c, representam proposições)?:
(1) (x merc. A = ... y merc. B) v (x merc. A = ... z merc. C) v (x merc. A = ... p merc. D) v etc.
(2) a v b v c
No que se refere ao valor de verdade das expressões, se observa que na segunda basta que um dos elementos da disjunção ocorra para que ela seja verdadeira, enquanto que na primeira é necessário que de algum modo todos ocorram, embora no instante só um possa ocorrer (foi isto que justificou de resto a qualificação de "disjunção"). Mas o que dá a possibilidade dessa diferença é precisamente a distinção entre pressuposição e posição. Na disjunção formal cada elemento ou ocorre ou não ocorre. Na disjunção dialética se tem a não-ocorrência, a ocorrência posta e a ocorrência pressuposta. É no fundo a diferença entre as duas últimas determinações a que visamos quando falamos em existência "no instante" e fora dele. Pode-se dizer também que o espaço dos objetos dialéticos não é homogêneo como o dos objetos formais. Não é um espaço "euclidiano". A observar no entanto que a noção de pressuposição não tem o mesmo alcance para os dois casos, o da forma I e da forma II. No último caso, se trata de uma pressuposição no interior de noções postas. Esta duplicação não é de resto excepcional.

tre os dois possuidores de mercadorias cai *(fällt fort)*. Torna-se manifesto que não é a troca que regula a grandeza de valor da mercadoria, mas que é pelo contrário a grandeza de valor da mercadoria que regula suas relações de troca" (Dognin 8, I, pp. 68-9; grifo nosso, salvo "relação quantitativa determinada"; cf. Marx 44, p. 78; *idem* 41, pp. 72-3). Se essa forma representa um *mau infinito* é porque "ela não se fecha nunca" (Dognin 8, I, pp. 148-9; Marx 44, p. 78; *idem* 41, p. 73). Por outro lado, o equivalente é aqui *particular:* "*A forma do valor relativa desenvolvida* exprime o valor de uma mercadoria em todas as outras. Essas últimas recebem assim a forma de múltiplos *equivalentes particulares,* ou a *forma-equivalente particular*" (Dognin 8, I, pp. 158-9; grifado por Marx; cf. Marx 44, p. 78; *idem* 41, p. 73). Finalmente, a forma II é *negativa,* porque ela põe o que a forma I, forma positiva, pressupõe (a posição é negação).

III – A FORMA UNIVERSAL

A forma III é a forma universal. Ela é *positiva* porque representa a *negação da negação*. Ela opera a passagem do mau infinito ao *bom infinito*. N'*O Capital,* a passagem de II a III se faz pela inversão da forma II. Na forma I, a inversão alterava os pólos, ou seja, as correspondências entre os pólos e as diferentes mercadorias, mas não alterava a forma enquanto tal. Agora a inversão implica uma mudança de forma:

(x merc. A = ... y merc. B) v (x merc. A = ... z merc. C) v (x merc. A = ... p merc. D) etc.

se inverte na forma (III)

$$\left. \begin{array}{l} y \text{ merc. B} = ... \\ z \text{ merc. C} = ... \\ p \text{ merc. D} = ... \end{array} \right\} x \text{ merc. A}^{53}$$

---

53. "Na realidade, se um homem troca a sua tela com muitas outras mercadorias e assim exprime o valor dela numa série de outras mercadorias, os vários outros possuidores de mercadorias devem necessariamente trocar suas mercadorias com a tela, e por isso exprimem o valor da sua mercadoria na mesma terceira mercadoria, a tela. Invertamos pois a relação (...)" (Marx 44, p. 79; *idem* 41, p. 74).

Que significa essa passagem? Poderíamos começar nos perguntando o que significa a forma III. Como dissemos, a forma III poderia ser escrita

(y merc. B = ... x merc. A) . (z merc. C = ... x merc. A) . (p merc. D = ... x merc. A) etc.

A forma III indica assim que todas as mercadorias se trocam com o equivalente universal. Ou que cada ato de troca com este último inclui implicitamente[54] a troca direta com ele de todas as outras mercadorias[55], e a troca indireta de todas as mercadorias entre si. Entretanto, a constituição do equivalente universal exclui (no interior da forma III, eliminando portanto toda regressão à forma anterior) a possibilidade atual (isto é, dentro desta forma) de um outro universal. A possibilidade de uma pluralidade de equivalentes universais – excluída em III –, que é entretanto um desenvolvimento possível de II, deveria ser representada assim:

---

54. Aqui "implícito" não é a rigor o mesmo que "pressuposto". Ou ele só é pressuposto dos *atos concretos* de troca, não das expressões de valor que estão aqui todas postas.

55. Na realidade, se todas as mercadorias se trocam pelo equivalente universal, bastaria uma identidade reflexiva para exprimir socialmente o valor de cada mercadoria. Entretanto, n'*O Capital,* só se afirma isto relativamente à forma IV, forma dinheiro. Cf. *O Capital:* "A expressão em ouro de uma mercadoria – x merc. A = y merc. dinheiro – é a sua forma dinheiro ou o seu preço. Uma equação individual isolada, como 1 tonelada de ferro = 2 onças de ouro basta agora para apresentar socialmente o valor do ferro de modo válido. A equação não precisa mais se enfileirar com as equações de valor das outras mercadorias, porque a mercadoria equivalente, o ouro já tem o caráter de dinheiro. Por isso, a forma de valor relativa universal tem agora de novo a figura da forma de valor relativa original, simples ou singular" (Marx 44, p. 110; *idem* 41, p. 108). Se essa singularização só é reconhecida para o caso do dinheiro, é que só na forma dinheiro o equivalente universal se estabiliza, graças ao caráter *adequado* da matéria em que se encarna o valor. Enquanto se tem equivalente universal mas não dinheiro (o equivalente encarnado num material que não é ouro ou prata) é como se a universalidade não fosse estável: existindo sem dúvida em cada ato de troca, ela deve entretanto ser continuamente reiterada ou reposta pelo conjunto das outras identidades reflexivas como atos de troca.

Forma II (a)

[(x merc. A = ... y merc. B) v (x merc. A = ... z merc. C) v
(x merc. A = ... p merc. D) etc.] v [(y merc. B = ... x merc. A) v
(y merc. B = ... z merc. C) v (y merc. B = ... p merc. D) etc.] v
[(z merc. C = ... x merc. A) v (z merc. C = ... y merc. B) v
(z merc. C = ... p merc. D) etc.] v [(p merc. D = ... x merc. A) v
(p merc. D = ... x merc. A) v (p merc. D = ... z merc. C) etc.] v etc.

A passagem da forma II à forma III n'*O Capital* se faz pela inversão de II, inversão que, ao contrário do que ocorre com I, produz aqui uma nova forma.

Porém a passagem é na realidade mais complexa, e a posição da forma II(a) nos ajuda a analisar o seu sentido. Se passarmos não de II a III, mas de II(a) a III, poderíamos supor as seguintes formas de transição:

Forma II (b)

[(x merc. A = ... y merc. B) v (y merc. A = ... z merc. C) v
(x merc. A = ...p merc. D) etc.] w [(y merc. B = ... x merc. A) v
(y merc. B = ... z merc. C) v (y merc. B = ... p merc. D) etc.] w
[(z merc. C = ... x merc. A) v (z merc. C = ... y merc. B) v
(z merc. C = ... p merc. D) etc.] w [(p merc. D = ... x merc. A) v
(p merc. D = ... x merc. A) v (p merc. D = ... z merc. C) etc.] w etc.

E ainda:

Forma II (c)

[(x merc. A = ... y merc. B) . (y merc. A = ... z merc. C).
(x merc. A = ... p merc. D) etc.] ~~w [(y merc. B = ... x merc. A) v~~
~~(y merc. B = ... z merc. C) v (y merc. B = ... p merc. D) etc.] w~~
~~[(z merc. C = ... x merc. A) v (z merc. C = ... y merc. B) v~~
~~(z merc. C = ... p merc. D) etc.] w [(p merc. D = ... x merc. A) v~~
~~(p merc. D = ... x merc. A) v (p merc. D = ... z merc. C) etc.] w~~ etc.[56]

Vê-se o que ocorreu. A série de identidades reflexivas não se relaciona mais entre si através de uma disjuntiva ("ou" não exclusivo), mas através de uma alternativa ("ou" exclusivo) (forma II (b)). Até aí, e na medida em que se trata de um processo de transição, poder-se-ia

---

56. As linhas descontínuas, que barram as expressões, indicam a parte que se tornou pressuposta. Elas representam portanto a "negação".

dizer que as relações internas (que ligam as expressões entre parênteses) de cada série são ainda disjunções. Mas em seguida (II(c)), a série de identidades reflexivas de A exclui as séries de identidades reflexivas das demais mercadorias, o que significa num primeiro momento que ela é posta e as demais pressupostas. Mas quando isto ocorre, as disjunções internas da série de identidades reflexivas de A se transformam em conjunções. E a transformação das disjunções em conjunções, isto é o fato de que a merc. A passa a se refletir no instante em todas as outras (embora os atos de troca sejam sucessivos) implica imediatamente a interversão de

(x merc. A = ... y merc. B) . (y merc. A = ... z merc. C) . (y merc. A = ... p merc. D) etc.

em

$$\left.\begin{array}{l} \text{y merc. B} = ... \\ \text{z merc. C} = ... \\ \text{p merc. D} = ... \\ \text{etc.} \end{array}\right\} \text{x merc. A}$$

Assim, a exclusão das outras séries implica a simultaneidade das identidades reflexivas internas de A (passagem de "v" a "."), e esta determina uma inversão de todas as identidades reflexivas. (Esta ordem parece ser a que melhor se justifica, mas os três passos também poderiam ser pensados como simultâneos.) A inversão das identidades reflexivas significa ao mesmo tempo a fixação da forma equivalente num certo valor de uso, que não é ainda, entretanto, o valor de uso *adequado*[57].

---

57. A fixação de um valor de uso como forma equivalente é ao mesmo tempo fixação da *oposição:* "(...) no mesmo grau em que se desenvolve a forma dinheiro em geral, se desenvolve a *oposição* entre os seus pólos, entre a forma de valor relativa e a forma de valor equivalente. /Já a primeira forma – 20 varas de tela = 1 roupa – *contém esta oposição, mas não a fixa.* Conforme se ler a mesma equação numa direção, ou na outra, se encontrará cada um dos dois extremos-mercadorias, como a tela e a roupa, simetricamente *(gleichmässig)* ora na forma relativa do valor ora na forma equivalente. *Ainda é preciso esforço para fixar a oposição polar.* /Na forma II (...) não se pode mais transpor os dois lados da equação do valor (...) sem modificar todo o seu caráter global e transformá-la de forma total de valor [a forma II, RF] na forma universal de valor. /[Na terceira forma] (...) uma mercadoria, a tela (...) se encontra na forma da "trocabilidade" imediata com todas as outras mercadorias ou em forma imediatamente social, porque e na medida em que todas as outras não se

N'*O Capital* (a partir da segunda edição), a forma II(a) é apenas mencionada como uma figura de transição, ela não constitui uma forma autônoma[58]. Na primeira edição ela é *uma forma independente*[59]. Vai-se da forma II à forma III.

A passagem representa, como vimos, uma "presentificação" das identidades (isto é, uma substituição das disjunções internas por conjunções), e uma inversão. Supõem-se sem dúvida as duas coisas (como se pode ver pelo texto sobre o dinheiro citado acima (Marx 44, p. 110; *idem* 41, p. 108), em que se diz que basta uma equação para que se exprimam todas elas), mas no capítulo I só se menciona explicitamente a inversão: "A forma relativa desenvolvida do valor consiste (...) só numa soma de expressões relativas simples ou de equações da primeira forma como: '20 varas de tela = 1 roupa', '20 varas de tela = 10 libras de chá' etc. Mas cada uma dessas equações *contém* também inversamente *(rückbezuglich,* de forma reflexiva) a equação idêntica *(identische Gleichung,* equação de identidade) '1 roupa = 20 varas de tela', '10 libras de chá = 20 libras de tela etc.' *(idem* 44, p. 79; *idem* 41, p. 74; grifo nosso)[60].

---

encontram" (Marx 44, p. 82; *idem* 41, pp. 77-8; grifo nosso; cf. Hegel 29, p. 43; *idem* 24, pp. 62-3; texto que citaremos mais adiante).
58. "Finalmente como *deve ocorrer (geschehen muss),* se o valor relativo de cada mercadoria for expresso nessa forma desenvolvida, a forma relativa de valor de cada mercadoria será uma série infinita de expressões de valor, diferente da forma de valor relativa de cada uma das outras mercadorias" (Marx 44, p. 78; *idem* 41, p. 73; grifo nosso).
59. Na primeira edição d'*O Capital* a quarta forma, em vez de ser a forma dinheiro, corresponde à que designamos aqui por II(a), e a forma dinheiro, como ponto de chegada, fica fora da dialética da forma do valor (Dognin 8, I, pp. 86-9). Assim, a multiplicação das séries vem depois da inversão e como uma espécie de regressão porque se volta à posição inicial), e não como nas edições posteriores. II(b) e II(c) não se encontram nos textos de Marx.
60. Nesse texto colocam-se verticalmente, primeiro, as identidades (reflexivas)
20 varas de tela = 1 roupa
20 varas de tela = 10 £ de chá
e depois as duas identidades (reflexivas) inversas
1 roupa = 20 varas de tela
10 £ de chá = 20 varas de tela.
Mas qual a relação que existe *entre* as identidades reflexivas em cada um dos dois casos? A disposição vertical oculta a relação. Na realidade ela não é da mesma ordem em cada um dos dois casos. No primeiro, se trata de uma disjunção dialética, no segundo, de uma conjunção dialética.

Essa terceira forma é *positiva*[61], e já o é pelo fato de ser a negação de uma negação[62]. Ela é *universal* como unidade do singular e dos particulares[63]. Ela representa o bom infinito em oposição ao mau infinito. A série se fecha: o infinito (o "etc.") da forma III não é potencial como o da forma II, mas efetivo. Por outro lado, se a primeira forma representa a *aparência* e a segunda, a unidade da aparência e da essência, portanto o *fenômeno,* a terceira é a *efetivação* dessa unidade[64]. Ela é também a segunda negação da acidentalidade. E, se a primeira forma é categórica e a segunda disjuntiva, a terceira forma como universal talvez possa ser pensada como condicional (hipotética)[65].

---

61. "As inúmeras equações em que consiste a forma de valor universal põem, sucessivamente segundo a série, o trabalho efetivado na tela como igual a cada trabalho contido em outra mercadoria, e através disso fazem da tecelagem a *forma fenomenal universal* do trabalho humano em geral. Assim o trabalho objetivado no valor da mercadoria *não é apresentado só negativamente* como trabalho em que se faz abstração de todas as formas concretas e propriedades úteis dos trabalhos efetivos. Sua própria *natureza positiva* ressalta expressamente" (Marx 44, p. 81; *idem* 41, pp. 76-7; grifo nosso).
62. Isto aparece mais claramente no dinheiro (como já vimos), mas já pode ser dito da forma III. Tem-se aqui uma "volta" ao ponto de partida. Se se puser a forma II(a), e *a fortiori* as outras formas de transição, esse caráter de simplificação, ou antes de negação da negação fica mais claro, e está até certo ponto presente, mesmo sem a redução da forma a uma só identidade.
63. "As mercadorias apresentam agora os seus valores [:] 1. [de forma] simples, porque numa *única* mercadoria e 2. [de uma forma] unitária *(einheitlich),* porque na *mesma* mercadoria". Sua forma de valor é simples e comunitária *(gemeinschaftlich)* e, por isso, *universal (idem* 44, p. 79; *idem* 41, pp. 74-5; grifo nosso). A universalidade é a unidade da "comunidade" e da simplicidade. O universal é o comum posto como simples.
64. "Somente essa forma põe *efetivamente (wirklich)* as mercadorias umas em relação com as outras, ou faz com que elas apareçam umas às outras como valores de troca" *(idem* 44, p. 80; *idem* 41, p. 75; grifo nosso).
65. Observe-se que na forma I, a forma relativa é dita simples e a forma equivalente singular. Na forma II, a forma relativa é dita desenvolvida e a forma equivalente particular. Na forma III, as duas formas são universais.

IV – A FORMA DINHEIRO

A passagem da forma III à forma dinheiro (IV) se faz n'*O Capital* através de uma mudança que é mais semântica do que sintática (Fausto 14, p. 169)[66]. Isto significa: sem que se alterem as relações, o equivalente geral, encarnado num valor de uso qualquer mas determinado, passa a se fixar no valor de uso ouro (ou prata). A forma equivalente se encarna numa matéria *adequada*[67]. Para exprimir o seu valor (e, portanto, o valor) cada mercadoria se serve do valor de uso de outra ou outras mercadorias. Na forma I, o equivalente é *uma outra* mercadoria *qualquer*. Na forma II, se trata de *todas* as outras (todas as outras exprimem o valor de *uma* mercadoria, na forma II (a), todas as outras exprimem o valor de *todas* as mercadorias). Na forma III, se trata de novo de *uma* mercadoria, mas ela é *determinada*. Essa determinação é entretanto "indeterminada". Ela incide sobre uma mercadoria entre várias. Na forma IV ela incide sobre uma mercadoria cuja *determinação* é *determinada*[68]. É o que se tem com o valor de uso *adequado* à encarnação do valor. A mercadoria que se encontra na forma equivalente é uma qualidade e também uma quantidade, mas não um *quantum*, ela não tem determinação quantitativa. É a inscrição da mercadoria que se encontra na forma relativa que introduz um *quantum*, mas este é um

---

66. Fizemos esta observação oralmente bem antes da publicação desse livro. Se se introduzir II(a) o dinheiro não surge por uma substituição da matéria do equivalente, mas pela posição de uma outra série de identidades, isto é, de uma série correspondente a uma mercadoria que não é a que funcionará como equivalente geral (III).
67. Forma fenomenal *adequada* do valor ou materialização *(Materiatur)* de trabalho humano abstrato, e por isso igual, só pode ser uma matéria *(Materie)* cujos exemplares possuem todos a mesma qualidade uniforme" (Marx 44, p. 104; *idem* 41, p. 102; grifo nosso).
68. Cf. Hegel: "Mas o positivo e o negativo (...) não são só algo posto, nem meramente um indiferente, mas o ser-posto deles, ou a relação *(Beziehung)* ao outro numa unidade, que eles mesmos não são, é retomada em cada um. Cada um é em si mesmo positivo e negativo; o positivo e [o] negativo são a determinação de reflexão em si e para si, [é] somente *(erst)* nessa reflexão em si *(in sich)* do oposto [que] eles são positivo e negativo. *O positivo tem nele mesmo a relação ao positivo na qual está a determinidade do positivo;* do mesmo modo, *o negativo não é [algo] negativo como em face de um outro, mas tem igualmente nele mesmo a determinidade pela qual ele é negativo*" (Hegel 29, p. 43; *idem* 24, pp. 62-3; grifo nosso).

quantum da forma relativa. Para inscrever esse *quantum* se necessita uma qualidade que se preste ao máximo a ser representada como grandeza. Isto é, uma qualidade tão próxima quanto possível de uma quantidade (a distinguir de um *quantum*). Uma qualidade, cujas partes sejam homogêneas como as unidades da quantidade, e que seja assim divisível como uma quantidade[69]. Uma qualidade, que embora tenha determinações segundas, funciona como se tivesse só determinações primeiras, isto é, determinações geométricas[70]. Para encarnar esse universal concreto que é o dinheiro, é preciso em suma uma matéria em que cada elemento contenha em si mesmo a generalidade. Mas a *universalidade* concreta vem com a posição, a "generalidade concreta" só a prepara. O dinheiro, Mercadoria entre as mercadorias, mas que por isso mesmo "não" é mais mercadoria, nasce da fixação dessa forma universal-singular na matéria geral-singular que representa o metal, e, mais precisamente, o metal precioso. "Cada exemplar tem a mesma qualidade uniforme."

Com a forma dinheiro, a forma equivalente se fixa[71], assim, numa matéria adequada. A função equivalente passa a ser atribuição específica de uma mercadoria, e só ela exprime o que vale a mercadoria que se encontra na função relativa. A expressão de valor de uma mercadoria nesse equivalente universal constitui a forma *preço* (Marx 44, p. 84; *idem* 41, pp. 80-1). Como – já vimos – na forma dinheiro não é preciso alinhar as identidades reflexivas de todas as outras mercadorias com o dinheiro para que se exprima universalmente o valor de uma mercadoria (é como se com o dinheiro a série de conjunções não fosse mais posta[72]), volta-se à simplicidade da forma I: "(...) a forma de valor

---

69. "(...) a mercadoria dinheiro deve ser capaz de [receber] diferenças meramente quantitativas (...)" (Marx 44, p. 104; *idem* 41, p. 102).
70. As qualidades primárias são as que estão mais próximas da quantidade. Por isso elas estão postas no final da lógica da qualidade e preparam a lógica da quantidade.
71. "Acompanhamos a *fixação (Befestigung)* dessa falsa aparência *(falschen Scheins)*. Ela se completa, logo que a forma equivalente universal *adere (verwachsen)* à forma natural da espécie particular de mercadoria ou [logo que ela] se cristaliza como forma dinheiro" (Marx 44, p. 107; *idem* 41, p. 105; grifo nosso).
72. Aqui é preciso distinguir duas coisas: o fato de que desde a forma III, e *a fortiori* na forma IV, o equivalente é uno (não é preciso pôr os outros equivalentes), e o fato de que a série de identidades reflexivas constituídas por cada mercadoria e o equivalente universal não precisa mais ser posta. Esse último resultado só ocorre na

relativa universal das mercadorias tem agora de novo a figura da sua forma de valor relativa original simples ou singular" (Marx 44, p. 110; *idem* 41, p. 108).

Como vimos, se se inverter a forma IV, a mercadoria que representa a função equivalente universal se mantém como equivalente universal, só que *esse equivalente universal* toma ele mesmo a forma relativa. A função se redobra: por um lado, ela passa a existir objetivamente ou antes objetivadamente, isto é, sob a forma de um objeto; por outro lado esse objeto tem uma função que não é necessariamente a que se objetivou nele. Assim, invertida a relação, o equivalente universal (objetivo) terá equivalentes particulares (funcionais) nas diferentes mercadorias. A forma relativa II será, então, a forma relativa específica do equivalente universal[73]. Vimos também que, quando se inverte a equação, essa relação funcional do equivalente universal coincide com as funções subjetivas, as quais se conservam portanto.

Na medida em que na forma dinheiro se fixa numa mercadoria adequada a função universal de equivalente, nela se reúnem de um modo não só objetivado mas estável as duas funções do equivalente: a de ser não-valor-de-uso e a de ser espelho de valor. O valor de uso material da mercadoria é "suprimido" em benefício de um valor de uso formal: a mercadoria dinheiro é "não" valor de uso (portanto imediatamente trocável), e ao mesmo tempo ou por isso mesmo ela é espelho de valor.

A objetivação adequada do equivalente universal, mais que o simples equivalente universal, fixa a assimetria dos pólos, a qual determina por sua vez uma assimetria dos atos, qualquer que seja a referência. De um lado se compra, de outro se vende. Compra aquele que adquire uma mercadoria não universal e aliena uma mercadoria universal. Vende o que adquire a mercadoria universal e aliena uma mercadoria não universal.

Lê-se num texto do capítulo II d'*O Capital*: "Cada possuidor de mercadorias só quer alienar a sua mercadoria contra outra mercadoria

---

forma IV. O texto citado na nota 55 (Marx 44, p. 110; *idem* 41, p. 108) e cujo final citaremos de novo em seguida é de leitura difícil. Mas precisamente esse final parece deixar claro que ele visa a segunda e não a primeira das determinações a que acabamos de nos referir.
73. "(...) a expressão de valor relativa desenvolvida ou a série infinita de expressões relativas de valor se transforma na forma relativa *específica* da mercadoria dinheiro" *(idem* 44, p. 110; *idem* 41, p. 108; grifo nosso).

cujo valor de uso satisfaz à sua necessidade. Nessa medida, a troca é para ele só um processo individual. Por outro lado, ele quer realizar como valor a sua mercadoria, portanto [realizá-la] em qualquer outra mercadoria do mesmo valor, quer a sua mercadoria tenha ou não valor de uso para o possuidor da outra mercadoria. Nessa medida a troca é para ele processo social universal. Mas o mesmo processo não pode, simultaneamente, ser somente individual e ao mesmo tempo somente social universal para todos os possuidores de mercadorias" (Marx 44, p. 101; *idem* 41, p. 98). O texto diz que, na troca imediata de mercadorias, a relação de cada agente com a mercadoria que ele troca é universal, e que a relação com a mercadoria que ele quer obter é individual. Trata-se assim das funções subjetivas. Para cada um dos agentes o ato é simultaneamente individual (forma relativa subjetiva da mercadoria do outro) e universal (forma equivalente subjetiva da mercadoria própria). A frase final significa aparentemente que para cada um dos possuidores ("para todos" = para cada um), o ato não pode ser somente individual ou somente social universal. Com a emergência do dinheiro, essa situação se mantém *subjetivamente,* isto é, se continuarmos considerando a relação dos agentes para com a sua "mercadoria" (seja ela mercadoria ou dinheiro). Mas objetivamente ela desaparece no sentido de que há um lado que é objetivamente universal social – o do dinheiro –, e outro que é objetivamente individual – o da mercadoria. *Objetivamente,* o social universal e o individual se distribuem exclusivamente entre os pólos.

Viu-se que de I a III há uma progressiva revelação da aparência: progressivamente, ela *aparece*, se *fenomeniza* e se *revela*. A forma dinheiro é o ponto de chegada desse processo de aparição. Mas esse movimento de aparição é também ocultação. Pelo próprio fato de aparecer, a essência se oculta. Enquanto manifestação *da essência*, a aparência revela a essência. Mas enquanto *manifestação* da essência, ela a oculta. Que alguma coisa apareça remetendo à essência revela a essência, mas que ela apareça, como ocorre, como se fosse a própria essência, a oculta. A essência se oculta porque aparece. Esta a razão pela qual *O Capital* fala ao mesmo tempo de *enigma* do dinheiro e do seu caráter *ofuscante*[74]. Também porque reintroduz a ilusão, a última forma

---

74. "(...) o enigma que ofusca os olhos (...)" (Marx 44, p. 108; *idem* 41, p. 106).

é uma volta à primeira. Porém, a natureza da ilusão não é a mesma. Invadindo o tema do próximo item, pode-se dizer que na dialética da forma do valor a "des-convencionalização" segue o caminho da naturalização. Uma ilusão inicial de caráter antes convencionalista se desfaz progressivamente, mas em proveito de uma outra ilusão, simetricamente oposta, o anticonvencionalismo *abstrato*, o fetichismo.

4

OS AGENTES DA TROCA.
AS ILUSÕES COMPLEMENTARES:
CONVENCIONALISMO E FETICHISMO.
(ITEM QUATRO DO CAPÍTULO 1, E CAPÍTULO 2)

■

ENTRE a dialética da forma do valor (*gênese* do dinheiro) e a dialética do dinheiro (*desenvolvimento* do dinheiro) se situam o item 4 – sobre o fetichismo – do capítulo I, e o capítulo II, sobre o processo de troca. Nesses textos há duas coisas. De um lado – isto vale para o capítulo II – há a posição dos agentes do processo: esse capítulo *refaz* desse ponto de vista o conjunto do percurso anterior, desde o processo imediato de troca até a forma dinheiro. De outro (item 4 e capítulo II), criticam-se duas ilusões simétricas, o convencionalismo e o fetichismo. Sobre esses dois pontos, completamos e organizamos aqui o que dissemos em outro lugar.

A dialética da apresentação das determinações objetivas é duplicada n'*O Capital* por uma dialética da apresentação dos agentes. Esbocemos desde já como se desenvolverá essa dialética dos agentes ao longo d'*O Capital,* e mesmo para além dele. No capítulo II, eles são postos como agentes homogêneos que trocam mercadorias no quadro de uma relação jurídica – o contrato –, relação jurídica pressuposta mais do que posta porque o direito como emanação do Estado está ausente. Os agentes são depois suportes individuais do capital, indivíduos – heterogêneos – em inércia. Isto corresponde à primeira negação do contrato. Em seguida, eles serão suportes sociais do capital, classes em *inércia,* mas somente *pressupostas*. O que corresponde à segunda negação do contrato. No momento seguinte, os agentes serão classes em inércia *postas.* O direito do Estado ainda não está posto, mas a relação socio-*econômica* passa, então, na relação *socio*-econômica. O social é posto, o econômico pressuposto. Finalmente, para além d'*O Capital,* tem-se classes em luta, o que significa transgressão do contrato. Esses momentos correspondem respectivamente à circulação simples, à produção capitalista enquanto produção capitalista, à produção capitalista como reprodução, à apresentação das classes (capítulo final inacabado do livro III d'*O Capital),* e aos textos histórico-políticos[75].

Diferentemente do que fazem as leituras tradicionais, é preciso pensar o fetichismo e o convencionalismo como duas ilusões simetricamente opostas. De resto, a dialética se apresenta sempre como a crítica de duas ilusões extremas e unilaterais. Essa oposição ilusória tem já um papel na dialética anterior, ela reaparece na dialética do dinheiro, e acompanha o conjunto da apresentação d'*O Capital.* Das duas formas, a relativa e a equivalente, é a segunda que induz a ilusão fetichista. Supõe-se que a matéria que serve de suporte à forma é naturalmente a forma. Mas é também ilusório – aí está a ilusão contrária – supor que esta matéria é qualquer[76]. Esta última é na realidade a matéria *adequada à forma,* sem ser entretanto a própria forma. Vê-se como a resposta dialética passa entre o convencionalismo e o fetichismo, ou antes "nega" os dois extremos. À primeira vista só a forma equivalente é mistificante: "Pelo fato de que a forma relativa do valor de uma mercadoria, por exemplo, da tela, exprime o seu ser-valor como algo inteiramente diferente do seu corpo e das suas propriedades, por exemplo, como igual à roupa, essa expressão ela própria indica que ela oculta uma relação social. O contrário [ocorre] com a forma equivalente. Ela consiste precisamente no fato de que um corpo mercadoria como a roupa, esta coisa *(Ding),* tal como ela é pura e simplesmente *(wie es geht und steht),*

---

[75]. A observar: 1) que entre os dois últimos momentos (o capítulo final, inacabado, do livro III e os textos histórico-políticos) haveria lugar para uma teoria do Estado capitalista; 2) que se a propósito de certos momentos d'*O Capital* falamos em objeto socio*econômico* e objeto *socio*econômico (o termo sublinhado indica o estrato que é posto), os textos que chamamos de histórico-políticos *(Dezoito brumário..., Guerra civil em França (...))* são na realidade *socio*políticos quanto ao seu objeto, e históricos quanto ao seu "registro" (isto é, eles não fazem a teoria – em sentido estrito – do seu objeto). Sobre os dois pontos, ver Fausto 15, pp. 201-329.

[76]. Como se verá, essas determinações explicitam só parcialmente o conteúdo de cada uma das duas ilusões.

exprime valor, e assim possui naturalmente *(von Natur)* a forma equivalente. Sem dúvida, isto só vale no interior da relação de valor, na qual a mercadoria tela é posta em relação com a mercadoria roupa enquanto equivalente[77]. Mas como as propriedades de uma coisa não nascem da sua relação com outras, antes se ativam *(betätigen)* apenas em tal relação, a roupa parece possuir naturalmente a sua forma equivalente, a qualidade da sua 'trocabilidade' *(Austauschbarkeit)* imediata do mesmo modo que [ela possui] a sua qualidade de ser pesada ou de conservar calor" (Marx 44, pp. 71-2; *idem* 41, pp. 65-6). A forma equivalente naturaliza. Na realidade, a suposição de que na relação só se revela o que existe fora dela é no caso presente correta, só que a leitura fetichista supõe que o que existe fora da relação e se reflete nela é uma determinação natural. O social não faria mais do que refletir o natural. Na realidade, o que está dado fora da relação é uma determinação social, e é esta determinação social que reaparece (re)mediatizada na relação. Vai-se do social ao social. O pólo relativo parece não induzir uma ilusão, mas na realidade ele também mistifica. Ele parece ocultar uma relação social, e nesse sentido é menos mistificante do que a forma equivalente; porém, ele se apresenta como se fosse convencional, e nesse sentido mistifica tanto quanto o outro pólo. "A nossa análise provou que a forma do valor ou a expressão de valor da mercadoria nasce da natureza de valor das mercadorias, e não o contrário [a saber, que] o valor e a grandeza de valor [nasceriam] de seu modo de expressão como valor de troca. Esta é entretanto a ilusão tanto dos mercantilistas e de seus modernos repetidores *(Aufwärmer),* como Ferrier, Ganilh etc., como também dos seus antípodas, os modernos caixeiros-viajantes do livre-câmbio, como Bastiat e consortes. Os mercantilistas dão peso maior ao lado qualitativo da expressão de valor, portanto, à forma equivalente da mercadoria, que tem no dinheiro sua figura acabada; os modernos ambulantes do livre-câmbio *(Freihandelshausierer),* que devem ceder a um preço qualquer a sua mercadoria, pelo contrário, [dão maior peso] ao lado quantitativo da forma relativa do valor[78]. Em conseqüência, para estes últimos não existe nem valor nem grandeza de valor da mer-

---

77. Aqui há uma nota de Marx a propósito das "determinações de reflexão", que comentaremos mais adiante.
78. Essa forma tem também, como vimos, um lado qualitativo, assim como a outra tem um lado quantitativo. Mas só a primeira tem uma *determinação quantitativa*. É

cadoria fora da expressão [que se constitui] através da relação de troca, [e] por isso só na etiqueta do preço corrente do dia" (Marx 44, p. 75; *idem* 41, pp. 69-70). O lado quantitativo induz a ilusão convencionalista (ausência de conteúdo), o lado qualitativo, a ilusão naturalista (conteúdo natural).

E se a cada pólo corresponde uma ilusão simetricamente oposta, às formas sucessivas do valor correspondem formas de ilusão características. Dissemos que à medida que se passa das primeiras formas do valor às últimas, se a essência vai se revelando progressivamente, ela também, pelo mesmo movimento, se oculta progressivamente. O dinheiro, a última forma, revela e oculta, ou oculta porque revela. Agora se vê melhor o que isto significa. A ilusão que vai desaparecendo progressivamente, à medida que avançamos na direção das formas mais complexas, é a ilusão convencionalista. Mas *o preço da "desconvencionalização" é a fetichização*. Da forma I à forma IV, é como se saíssemos de uma ilusão para cair em outra. O discurso crítico "suprime" uma e outra, e revela a sua conexão interna através dessa "supressão"[79].

Convencionalismo e fetichismo representam assim dois pólos *antinômicos*, e como fizemos para as duas leituras do entendimento a propósito da circulação simples, poderíamos apresentar suas teses respectivas à maneira da dialética transcendental. O fetichismo é a naturalização do objeto, a negação de que sua gênese está em última instância (isto é como pressuposição) na prática dos agentes, o que representa uma recusa não só de toda antropologização (de toda antropologia positiva, até aí não há ilusão), mas também de toda "antropologização"

---

nesse sentido que a forma relativa representa a quantidade e a forma equivalente a qualidade (RF).

79. Se o natural é na realidade um *quase-natural* (Marx 45, p. 34; *idem* 42, p. 26: "(...) caráter social *como se (gleichsam)* natural *(naturwüchsig)* de uma coisa"), o necessário é também um quase-necessário. No nível da modalidade, o acidental (o contingente) e o necessário aparecem como extremos do entendimento, análogos respectivamente ao convencional e ao natural. Ao quase-natural corresponde *a modalidade dialética da quase-necessidade,* que é a da necessidade *no sistema*. Necessidade do que não é absolutamente necessário. (Mas a expressão "necessidade relativa" também não convém aqui, há antes um absoluto *no interior* de um sistema de relações). Ao quase-convencional, se se pode dizer assim, corresponde a modalidade dialética da quase-contingência. A contingência do que, no interior do seu próprio universo, é necessário.

(isto é, de toda antropologia "negada"), e é nessa última recusa que reside a ilusão. A resposta contrária – o outro "erro" (Marx 44, p. 105; *idem* 41, p. 103)[80] – é a convencionalização do objeto, a idéia de que o sentido dele se reduz às práticas que se encontram (na realidade só *pre*ssupostas) na sua gênese. É a antropologização, em suma. De um lado se supõe pois que as relações sociais são "produto *arbitrário* da reflexão dos homens" *(idem* 44, p. 106; *idem* 41, p. 104; grifo nosso), de outro se exclui toda reflexão, em proveito de uma qualidade natural. Que se trata de uma *reflexão,* mas *objetiva,* é a resposta dialética.

Finalmente, o fetichismo reintrondaz a questão da linguagem. O valor é um hieróglifo social, um produto social como a linguagem: "O valor não tem (...) escrito na fronte o que ele é. O valor antes transforma cada produto do trabalho em *hieróglifo social.* Mais tarde, os homens tentam decifrar *o sentido dos hieróglifos,* penetrar no enigma do seu próprio produto social, pois *a determinação dos valores de uso como valores* é seu produto social como *(so gut wie,* quase como) a linguagem" *(idem* 44, p. 88; *idem* 41, p. 85; grifo nosso).

Qual o alcance dessa analogia, e de que modo ela se relaciona com as referências anteriores à linguagem, em particular com a idéia de que o valor de troca – e portanto também o dinheiro – representa a linguagem das mercadorias?[81].

Para problematizar a possibilidade dessa analogia convém citar desde já um terceiro texto (dos *Grundrisse)* em que, pelo contrário, de um modo um pouco surpreendente à primeira vista, se *questiona* a validade de uma comparação entre dinheiro e linguagem, pelo menos nos termos do texto d'*O Capital* que acabamos de citar parcialmente na última nota. A partir da análise do texto dos *Grundrisse,* portanto do que representa aparentemente uma negativa, tentaremos reconstruir o sentido da analogia nas suas diferentes aparições em Marx.

Depois de se referir criticamente à comparação entre a circulação do dinheiro e a circulação do sangue, Marx escreve nos *Grundrisse:* "Comparar o dinheiro com a linguagem não é menos falso. As idéias

---

80. Esse erro é característico da Aufklärung. Cf. Fausto 14, pp. 169-70.
81. Ver acima páginas 51 e 52, sobretudo o texto Marx 44, pp. 66-7; *idem* 41, p. 59 (que designaremos por Texto I), de que retomamos aqui um extrato: "(...) [a mercadoria] trai os seus pensamentos na única língua que lhe é acessível, a língua das mercadorias" etc.

não são transformadas na linguagem, de tal modo que a sua particularidade seria dissolvida e o seu caráter social existiria junto delas na linguagem como os preços *junto (neben,* ao lado) das mercadorias. As idéias não existem separadas da linguagem. Idéias que da sua língua materna devem vir a ser traduzidas *(übersetzen)* numa língua estrangeira para circular *(kursieren),* para se tornarem trocáveis oferecem uma analogia maior; mas a analogia não está na linguagem, e sim no seu caráter estranho *(in ihrer Fremdheit)* [também "estrangeiro"] (Marx 43, p. 80; *idem* 46, I, p. 99; grifo nosso)[82].

O texto afirma que comparar o dinheiro com a linguagem, ou mais precisamente comparar a relação dinheiro/mercadoria com a relação linguagem/pensamento, é errado, porque nessa segunda relação não há – o que supõe que haveria na primeira –, quando se passa de um termo a outro, dissolução da particularidade e emergência de um caráter social que aparece "ao lado" do termo inicial. Por outras palavras, no dinheiro a mercadoria se dissolve, na linguagem o pensamento não se dissolve etc. A relação entre duas línguas, das quais a segunda é estrangeira/estranha, seria melhor, porém menos por causa da língua do que por causa do caráter de coisa estranha[83].

Esse texto parece assim à primeira vista se opor ao texto d'*O Capital* que trata na realidade da forma do valor (Texto I, ver nota 81), já que o

---

82. Sobre a inseparabilidade entre pensamento e linguagem, ver Saussure (citado por Benveniste): "Psicologicamente, abstração feita da sua expressão pelas palavras, nosso pensamento não é mais do que uma massa amorfa e indistinta. Filósofos e lingüistas sempre estiveram de acordo em reconhecer que, sem a ajuda dos signos, seríamos incapazes de distinguir duas idéias de um modo claro e constante. Tomado nele mesmo, o pensamento é como uma nebulosa onde nada é necessariamente delimitado. Não há idéias preestabelecidas, e nada é distinto, antes da aparição da língua". "A língua é ainda comparável a uma folha de papel: o pensamento é o anverso e o som é o verso; não se pode recortar o anverso sem recortar ao mesmo tempo o verso; do mesmo modo, na língua, não se poderia isolar nem o som do pensamento, nem o pensamento do som; só se chegaria a isso através de uma abstração cujo resultado seria o de fazer ou pura psicologia ou pura fonologia" (Saussure 52, pp. 155 e 157; Benveniste 6, pp. 51 e 52). Vê-se que essa problemática desemboca numa discussão sobre as relações entre dialética e estruturalismo. Desenvolvemo-la no Apêndice.
83. No texto de Marx só se encontra o termo *Sprache,* que significa tanto língua como linguagem. Como na tradução francesa de J.-P. Lefebvre, traduzimos *Muttersprache* por "língua materna", e as outras ocorrências por "linguagem".

dinheiro é uma forma do valor, e onde precisamente se justifica a analogia entre a relação mercadoria/dinheiro e a relação pensamento/linguagem. Quanto ao texto d'*O Capital* em que se fala do hieróglifo, (chamemo-lo Texto II; Marx 44, p. 88; *idem* 41, p. 85), nele trata-se não do dinheiro, mas do valor, e a comparação parece ser de ordem mais geral (a noção de pensamento está ausente e, portanto, também a relação pensamento/linguagem). Mas é preciso comparar mais de perto os três textos.

Para entender o texto crítico dos *Grundrisse* (Texto III) – como de resto os outros dois e o conjunto das variações da analogia[84] –, conviria observar que a analogia com a linguagem (e o pensamento) visa não uma relação, mas duas relações diferentes. Por um lado, trata-se da relação geral entre o universo dos valores de uso (o qual representa o conteúdo ou a matéria) e o universo dos valores (que representa a forma). Este é o primeiro nível da comparação. Por outro, há uma relação de outra ordem, embora ela pressuponha a anterior, a relação entre o valor de troca (ou os valores de troca) e o valor. Essa última relação, diferentemente da primeira, é interior à forma. Ela liga dois termos no interior da forma: a forma enquanto forma e a forma posta numa matéria. Não se confunde, portanto, com a primeira em que se afrontam matéria e forma. Conforme se considere uma ou outra dessas duas relações o significado e o alcance da analogia com a linguagem se alteram.

O texto dos *Grundrisse* (Texto III), apesar de certas coisas que poderiam sugerir o contrário, refere-se essencialmente ao primeiro caso: a relação entre valores de uso e valor em geral. Sem dúvida, fala-se da relação mercadoria/dinheiro. Mas o próprio fato de que se fale em *dissolução (auflösen)* da particularidade em proveito do caráter social, e mais ainda que se diga que o preço existe *ao lado* da mercadoria, mostra que as mercadorias são consideradas aí sobretudo enquanto valores de uso. De fato, sendo o preço expressão do valor, e o valor existindo nas mercadorias enquanto determinação formal, não se poderia dizer, se não fosse esse o caso, que o preço existe *ao lado* das mercadorias[85].

---

84. Há outros textos de Marx a respeito, por exemplo, Dognin 8, I, pp. 144-5, Suplemento.
85. E sobretudo porque a referência não é a *uma* mercadoria (que depende de outra para ter um preço), mas às *mercadorias*.

No mesmo sentido a idéia da dissolução da particularidade em proveito do caráter social é forte demais, se se partir da determinação formal da mercadoria. O caráter social já existe nelas (se as considerarmos como formas) aquém do preço, no valor precisamente. O texto parece comparar não o valor com o valor de troca, mas o universo dos valores de uso com o universo formal do dinheiro, que é também em termos gerais o do valor. Nesse caso, se entende bem que a analogia com a passagem do pensamento à linguagem pareça imperfeita, e isto por não marcar suficientemente a ruptura que se opera quando se passa do universo dos valores de uso ao do valor. A analogia com a "passagem" de uma língua a outra seria melhor, desde que (como se depreende do texto) o primeiro termo (o que não é o dinheiro) seja a língua materna, o análogo dos valores de uso, de que se conhecem bem os significantes e os significados, e o segundo termo, o análogo do dinheiro, uma língua estrangeira (e estranha, desconhecida). Haveria aí em termos precisos não uma tradução, mas uma versão, porém mais do que isto uma versão cujo significado não é o mesmo do texto de que se parte... Por isso é antes a ruptura, a "extraneação" do conhecido ao desconhecido – do universo de significantes e significados concretos e cotidianos a um universo de significantes e significados abstratos desconhecidos – o que interessa na analogia, não propriamente a referência à linguagem.

O texto d'*O Capital* em que se fala de hieróglifo (Texto II, Marx 44, p. 80/tr. 99) vai na mesma direção. O valor introduz uma linguagem estranha. Dos valores de uso ao valor vai-se da língua materna (isto não está no texto) a uma língua estranha e incompreensível, ou mais precisamente a uma escrita enigmática, o hieróglifo. Entretanto, a noção de linguagem é aqui essencial, em parte sem dúvida porque é uma linguagem que introduz o caráter de coisa estranha, mas também por outras razões que examinaremos. Mas na linha do texto crítico dos *Grundrisse* (o objeto que visam os dois textos é o mesmo), não cabe a analogia com a *relação pensamento/linguagem*.

A outra relação a considerar como objeto das analogias lingüísticas é, dissemos, a relação valor/valor de troca, relação interior ao universo das formas. Na realidade é ela o objeto do texto d'*O Capital* a respeito da linguagem das mercadorias, em que se fala em pensamento e linguagem (Texto I, *idem* 44, p. 67/tr. 59). A noção de hieróglifo serve bem aqui mas o hieróglifo não é mais um extremo a opor ao outro que seria a língua materna ou uma língua conhecida. *A relação valor/valor de troca cobre ela própria o campo, o conjunto do campo, do hieróglifo.*

Valor e valor de troca se relacionam como duas leituras de um hieróglifo, uma leitura que remete à aparência, e uma leitura que remete à essência. Assim, a comparação com o hieróglifo, introduzida para a distinção geral, serve agora não apenas porque se trata de uma escrita desconhecida, *mas porque se trata de uma escrita críptica*. (A comparação parece muito exata porque o hieróglifo é aparentemente uma escrita ideográfica, mas que na realidade é silábica. É preciso passar dos símbolos ideográficos aos significantes fonéticos, e é da composição destes que se obtém o significado oculto). Os valores de troca sugerem um significado que é apenas aparente e que oculta o significado essencial. O significado aparente remete a relação de valor às significações usuais, à linguagem materna se se quiser – 5 cadeiras se trocam por 1 mesa, por causa das suas qualidades úteis. Se se quiser, da versão alienada, se opera de volta, *uma tradução,* mas trata-se de uma tradução *críptica* (a tradução é ilusória, mas há uma relação entre ela e o conteúdo oculto). Não se opera uma volta pura e simples à linguagem materna, há uma linguagem hieroglífica que é interpretada *como se ela remetesse de volta à linguagem materna*. O que quer dizer: por trás da relação entre 5 cadeiras e 1 mesa está – e não está – a relação essencial, tantas horas de trabalho cristalizado se trocam por tantas horas de trabalho cristalizado. As duas leituras se atraem e ao mesmo tempo se rejeitam. Porém qual a diferença entre esta relação e a dualidade valor/valor de uso? Sem dúvida para as duas relações pode-se falar de oposição (e mesmo de "extraneação"), mas só a segunda é uma oposição de fundamento a fundado. Se na primeira relação a única unidade que existe entre os opostos é a dos opostos em geral, na última há a unidade entre o fundante e o fundado, a unidade do fundamento. No plano da analogia com o hieróglifo, a unidade está dada pela existência de um único significante (na primeira relação, existem dois significantes)[86], no plano real a unidade está dada no fato de que se trata da relação entre dois momentos da forma, a forma enquanto forma (valor), e a forma posta na matéria (valor de troca). A matéria está lá, mas como matéria *da* forma.

---

86. Nos dois casos temos dois significados, mas as relações entre eles não são da mesma ordem.

Porém em que sentido se pode dizer que aqui vale a analogia com a relação pensamento/linguagem? No sentido de que a relação é aqui propriamente de *posição,* e é isto que caracteriza a passagem do pensamento à linguagem. Se tanto para a primeira relação como para a segunda, pode-se falar de *übersetzen* (ou *Übersetzung),* no primeiro caso deve-se acentuar o *über,* e no segundo o *setzen* (posição)[87]. Posição do significado oculto no significado manifesto, mas também posição do pensamento numa linguagem. Porém se não há pensamento independente da linguagem, nem linguagem independente do pensamento, como se compreenderá isto? É que o pensamento é *pensamento*-linguagem, e a linguagem é *linguagem*-pensamento (o termo sublinhado indica a posição). O pensamento contém a linguagem, mas como pressuposto (isto é, enquanto "negado"), a linguagem contém o pensamento como pressuposto (enquanto "negado"). O pensamento das mercadorias é ele mesmo uma linguagem implícita, e a linguagem das mercadorias é pensamento implícito[88]. Só que essa linguagem das mercadorias é linguagem que oculta: é um dizer que diz não dizendo. Mas é de qualquer forma a expressão, oculta embora, de um pensamento. Assim, a relação valor/valor de troca poderia ser tomada também como o análogo da relação entre duas linguagens (e também, como vimos, da "tradução críptica"), mas em outro sentido, sem que isso exclua a analogia com a

---

87. *Übersetzen,* que significa (entre outras coisas) "traduzir" (a forma separável – paroxítona – significa "passar" ou "fazer passar"), se encontra tanto em Hegel como em Marx, porém com um sentido mais ou menos técnico. É que no interior da dialética, ele reúne *übergehen,* passar, termo que exprime a sintaxe da lógica do ser, a *setzen,* pôr (que se opõe a *voraussetzen,* pressupor), que exprime a sintaxe da essência. *Übersetzen*, embora palavra da língua alemã corrente, aparece assim como um híbrido de *setzen* e de *übergehen.* Ele significa um passar que é ao mesmo tempo um "pôr". O termo se encontra nas regiões em que a lógica do ser encontra a lógica da essência, sem dúvida no final da lógica do ser ("a medida"), mas também na parte final da lógica da essência, em que esta retoma as determinações do ser para constituir o conceito. Essas regiões parecem gozar de um verdadeiro privilégio lógico, no interior do discurso de Marx. Para o uso do termo em Hegel, ver por exemplo, Hegel 29, p. 145; *idem* 24, p. 210.

88. Valor e valor de troca – se pode dizer – remetem não só a significados diferentes, mas também a significantes diferentes. Na imagem do hieróglifo, os significantes dos dois conteúdos são os mesmos, mas se poderia dizer que os signos (como unidade de significante e significado) são diferentes.

relação pensamento/linguagem. Porém a recíproca não é verdadeira: para a relação valor/valor de uso, só cabe uma analogia.

Nas duas relações – acrescentemos – se efetua em certa medida uma passagem do consciente ao inconsciente social. A primeira conduz à região que é globalmente inconsciente, mas não totalmente inconsciente. A segunda determina, no interior do universo que é globalmente inconsciente, o que aflora e o que não aflora à consciência, ou antes, como aflora não aflorando, o que é inconsciente. O descobrimento do segredo da relação de valor pelo discurso crítico (como o descobrimento da ilusão transcendental pela crítica kantiana) não elimina a *necessidade* dessa ilusão – e no caso do objeto d'*O Capital* do da crítica transcendental, a *objetividade* dela: "O descobrimento científico tardio, de que os produtos do trabalho, na medida em que são valor, são meras expressões coisais do trabalho humano gasto na sua produção, marca época na história do desenvolvimento da humanidade, mas de modo algum dissipa a aparência objetiva dos caracteres sociais do trabalho. O que só é válido para esta forma particular de produção, a produção de mercadorias, a saber, que o caráter especificamente social dos trabalhos privados independentes uns dos outros consiste na sua igualdade como trabalho humano e toma a forma do caráter de valor dos produtos do trabalho, [isto] aparece antes como depois desse descobrimento como definitivo para os que estão presos *(befangene)* nas malhas das relações de produção de mercadorias, do mesmo modo que a decomposição científica da água nos seus elementos não elimina *(fortbestehen lässt)* a forma ar como a forma física de um "corpo" (Marx 44, p. 88; *idem* 41, p. 85).

5

A DIALÉTICA DO DINHEIRO

—

A DIALÉTICA do dinheiro *(desenvolvimento* lógico do dinheiro) prolonga, não sem ruptura, a dialética da forma do valor, a qual representa a *gênese* do dinheiro. Da pré-história lógica, passamos à história lógica do dinheiro.

Há algum paralelismo entre as três formas da dialética do dinheiro e o movimento das três/quatro formas da dialética da forma do valor (gênese do dinheiro). A última forma do dinheiro tem algo de um retorno à primeira, como ocorre na dialética da forma do valor. De certo modo, a última forma do dinheiro é também um retorno à primeira forma da dialética da forma do valor, uma volta ao primeiro ponto de partida. O desenvolvimento do dinheiro reproduz assim em grandes linhas a sua gênese.

Reencontraremos na dialética do dinheiro, o movimento do natural, do convencional e do social-natural. Ou antes: encontramos o movimento do social-natural, mas que às vezes se desdobra, liberando os seus componentes. Também estão presentes duas dualidades que não se confundem: a que separa a realidade da idealidade, e a que separa a existência imediata e a existência simbólica. A analogia com a linguagem continua presente. O texto se relaciona com a dialética da essência de Hegel, mas também com a dialética do ser em particular com a da medida. Há também correspondências com a dialética do conceito. Com o desenvolvimento das formas, se desenvolvem também as oposições, e se anunciam as duas direções a que tendem as oposições: por um lado as formas *irracionais*, por outro a *ruptura* do sistema. Por sua vez, a apresentação dos agentes ganha novas determinações.

I – A PRIMEIRA FORMA DO DINHEIRO: MEDIDA DE VALOR

O primeiro momento do dinheiro é o dinheiro como medida de valor *(Mass der Werte,* medida dos valores). A medida – terceiro momento da lógica hegeliana do ser – é a unidade da quantidade e da qualidade, a quantidade que repõe à qualidade[89].

"Na medida já reside a idéia da essência (...)" (Hegel 20, p. 339; *idem* 26, p. 23). Mas se na *Lógica* a medida precede a essência – a dialética da medida termina com a passagem à essência –, o texto d'*O Capital* sobre o dinheiro como medida do valor é posterior à posição de determinações da essência[90]. De certo modo, aqui se distinguem os constituintes (negativos) da essência: a quantidade e a qualidade. Mas isto já ocorre antes do dinheiro, na dialética da forma do valor[91].

---

89. "Exprimindo abstratamente, na medida se reúnem qualidade e quantidade" (Hegel 28, p. 336; *idem* 26, p. 19).
90. No momento em que se passa dos valores de troca ao valor, já se introduzem determinações da essência. É verdade que depois se volta ao valor de troca. Mas o valor como essência está mais do que pressuposto. As expressões do valor de uma mercadoria em outra são ditas de resto "determinações de reflexão" *(Reflexionsbestimmungen)* (Marx 44, p. 72, n. 21; *idem* 41, p. 65, n. 21). As "determinações de reflexão" se encontram na primeira seção da lógica da essência.
91. A relação entre a dialética da medida e a forma do valor (em um dos seus momentos, e a partir de um texto da *Contribuição...*) foi estudada por A. Doz (Doz 9), que compara um texto da *Contribuição (idem* 45, pp. 25-7; *idem* 42, pp. 17-8), em que se trata do que será n'*O Capital* a forma II e da sua relação com a forma III, com o segundo capítulo da teoria da medida (2ª edição), "a medida real", e mais precisamente com a segunda divisão do primeiro item desse capítulo: A) "relação de medidas autônomas", Ab) "a medida como série de relações de medida" (Hegel 28, pp. 362-4; *idem* 26, pp. 57-60). Nesse texto de Hegel, o modelo são as relações quantitativas que regulam a composição dos corpos, mas também os acordes e as escalas musicais. A analogia do equivalente – no sentido da crítica da economia – com a química, é por sua vez, sugerida pelo próprio Marx em texto que Doz cita: "O valor de troca aparece assim como determinidade natural social dos valores de uso, como uma determinidade que lhes cabe enquanto coisas *(Dinge),* e em conseqüência das quais do mesmo modo, eles se substituem [uns aos outros] no processo de troca em relações quantitativas determinadas, [e] constituem equivalentes, como os corpos

O dinheiro aparece como a qualidade-valor posta como universal que reflete quantitativamente a qualidade-valor não posta como universal de cada mercadoria. Enquanto ele está "determinado quantitativamente" o valor, trabalho abstrato cristalizado, é "grandeza de valor", "um *quantum* determi-

---

(Stoffe) químicos se combinam em relações quantitativas determinadas, [e] constituem equivalentes químicos (Marx 45, p. 22; *idem* 42, p. 14; citado parcialmente em Doz 9, p. 95). Entenda-se: os corpos simples se combinam (ácidos com bases), e essas combinações são reguladas por relações quantitativas entre os corpos que se combinam entre si, e ao mesmo tempo por relações quantitativas entre os corpos que se combinam com outros, mas não entre si (ácidos e ácidos, bases e bases). São estas últimas relações (as dos corpos que não se combinam) que definem os equivalentes químicos. Que os equivalentes químicos se estabeleçam entre os corpos que não se combinam introduz uma distância em relação ao equivalente da crítica marxista (já que a troca ou a possibilidade dela é o análogo da combinação); mas a distância se reduz se considerarmos a forma dinheiro, ou melhor ainda as formas II e II(a), como contendo em germe no seu pólo *relativo* (o pólo relativo contém a *unidade* mesmo se dual – ouro e prata – do dinheiro) a forma dinheiro. Os equivalentes são os "cabeças" de cada série, os quais *em si* não se trocam mutuamente. (Isto quer dizer: na forma II(a) eles se trocam só como elos da cadeia da outra mercadoria, e quando passarem a III, digamos como ouro e prata, não se trocarão mais.) A passagem da segunda divisão do primeiro item do capítulo II da lógica da medida – "a medida como série de relações métricas", para a terceira divisão, "afinidades eletivas", tem analogia com a passagem de II ou II(a) a III e IV, isto é, à forma dinheiro. Doz observa que Hegel utiliza freqüentemente a noção de "exclusão". Só que, acrescentamos, com "as afinidades eletivas" (isto é o privilégio que ganha um elemento da outra série *por parte de um elemento da série inicial*) se segue quase o caminho inverso ao do dinheiro. Não se vai a um universal-singular, antes a singulares-universais. Por outras palavras, se para o primeiro momento a analogia é imperfeita porque nem todos os corpos se combinam, mas só os de séries homogêneas diferentes (nesse sentido a analogia com as escalas musicais parece servir melhor ao equivalente de Marx), no segundo caso (afinidade eletiva), ela é imperfeita porque a troca se restringiria a uma mercadoria. Digamos que o regime matrimonial dos corpos químicos é mais estritamente preferencial, do que o das mercadorias. No modelo da afinidade eletiva vai-se *"à rebours"* da universalidade. Mas por isso mesmo a analogia é válida: nos dois casos se "suprime" a particularidade, na crítica em proveito de um universal concreto, em química em proveito de um singular concreto. É a "supressão" da particularidade o que os dois processos têm em comum. Essa relação entre a lógica da medida e análise da mercadoria permite não só estabelecer uma ponte entre *O Capital* e a lógica do ser, mas também entre *O Capital* e a lógica do conceito, já que o "quimismo" se situa na segunda seção, "a objetividade", da lógica do conceito. Assim, Henri Denis, que retoma (Denis 7) as análises de Doz (ele cita apenas a edição comentada da Teoria da Medida, mas deve conhecer o arti-

nado de trabalho humano"[92]. Para medir o valor é preciso passar do valor à sua substância, o que significa passar da forma do ser à forma da inquietude – ao trabalho. O trabalho é o mensurável. O mensurante desse movimento que é o trabalho é o tempo. E a unidade de medida do tempo é a hora, ou dia etc.[93] Porém essa medida do trabalho pressupõe a redução do trabalho concreto ao trabalho abstrato, como o valor já pressupõe a redução dos valores de uso. O trabalho existe assim duplamente: como trabalho concreto, qualitativamente determinado e "finalizado", e como trabalho abstrato, puro gasto de energia (qualidade a-qualitativa, objeto-para-a-quantidade, ele mesmo quantidade, e suscetível de uma determinação quantitativa, de um *quantum*). A mercadoria reflete esses dois aspectos: ela é unidade da qualidade determinada e finalizada e da qualidade a-qualitativa e "sem" finalidade. Na *relação de valor*, isto é, na expressão do valor que é o valor de troca, cada mercadoria representa um desses dois pólos. Uma delas o pólo qualitativo determinado, e a outra o pólo qualitativo a-qualitativo. Até a constituição do dinheiro, qualquer mercadoria pode desempenhar esta ou

---

go), insiste justificadamente sobre o paralelo circulação simples/circulação do capital (enquanto capital) e quimismo/teleologia. De fato, é pela teleologia que termina a segunda seção da lógica do conceito (Denis 7, pp. 46-9). Os dois textos foram retomados por Stavros Tombazos (Tombazos 54, pp. 60-85 e 122-33).
92. A expressão "grandeza" ("grandeza de valor") *(Wertgrösse)* designa não a quantidade de valor em geral, mas já o *quantum* de valor, o valor quantitativamente determinado; isto é, não só o valor determinado enquanto quantidade, o que quer dizer valor apenas "suprimido" enquanto qualidade, mas o valor determinado enquanto quantidade *determinada*. (O *quantum* está para a quantidade em geral como o *Dasein*, o ser-aí está para o ser em geral). Ver Marx 44, pp. 67-8 (texto e nota 19); *idem* 41, pp. 60-1 (texto e nota 19). Sobre a relação entre a noção de "grandeza" e a noção de *"quantum"*, ver Hegel 28, p. 178; *idem* 30, p. 135; *idem* 23, p. 135.
93. "A quantidade de trabalho ela própria se mede pela duração temporal, e o tempo de trabalho possui por sua vez a sua unidade *(Maβstab)* em porções determinadas de tempo, como a hora, o dia etc." *(idem* 44, p. 53; *idem* 41, p. 43). Cf. Aristóteles, *Física* IV, 11, 219, b, 5 e ss.: "O tempo é pois [uma espécie de] número. Mas número se entende de duas maneiras: há, com efeito, o número como numerado *(arithmoumenon)* e numerável *(arithmon)*, e [o número] enquanto aquilo com que se numera *(hon arithmoumen)*. Ora o tempo é o numerado, não aquilo com que se numera". O que chamamos de mensurante é na realidade o *número* numerado e numerável de Aristóteles, e não aquilo com que se numera, que é o próprio número em sentido aritmético. Ao *número* numerável e numerado se opõe a *coisa* numerável e numerada.

aquela função. Porém é preciso observar que se uma mercadoria (e com o dinheiro *a* mercadoria, simplesmente) representa o pólo valor de uso e a outra (que será o dinheiro) representa o valor, nas duas, a determinação que não lhe cabe não está ausente, mas está *pressuposta*. Nesse sentido, tanto a primeira como a segunda mercadoria (que será o dinheiro) exprimem a qualidade a-qualitativa, isto é, o valor. E aqui é que se apresenta o problema da medida. A mercadoria (que será o dinheiro) em que o a-qualitativo, isto é, o valor, está posto, ela o põe, paradoxalmente em forma *qualitativa* (trata-se do *lado qualitativo* – oposto ao quantitativo – do pólo *a-qualitativo*). O pólo em que é o qualitativo determinado que está posto e em que o a-qualitativo está só pressuposto, põe esse a-qualitativo em forma quantitativa. Ou mais precisamente essa qualidade a-qualitativa que é valor se reflete *qualitativamente* (isto é, como pura qualidade a-qualitativa) na mercadoria equivalente, que será o dinheiro. Nesse sentido ela reflete *o tempo* de trabalho, como tempo indeterminado, e por isso vai funcionar como o mensurante refletido[94]. No outro pólo, que corresponde à mercadoria, está pelo contrário – enquanto ela exprime valor – a *determinação* quantitativa dessa pura qualidade a-qualitativa (que remete a uma pura quantidade). Ou se se quiser, o *quantum* da primeira mercadoria enquanto valor irá se pôr na quantidade em geral que representa a segunda mercadoria, isto é, o dinheiro. Este é o sentido da medida do valor, e em particular do dinheiro como medida de valor. O dinheiro será o mensurante refletido, o *tempo* de trabalho abstrato cristalizado num valor de uso, o ouro, no corpo do qual se recortará um certo *quantum* de trabalho abstrato, o que está cristalizado num valor de uso diferente do ouro. O *quantum* de trabalho abstrato cristalizado na mercadoria se reflete ou se põe na quantidade de trabalho abstrato cristalizado na mercadoria ouro, que é o mensurante refletido, e assim se efetua a mensuração do valor da mercadoria. Na expressão 15 cadeiras valem 30 gramas de ouro, o "30" exprime o *quantum* das cadeiras enquanto valor, não o *quantum* do ouro enquanto valor. O *quantum* do ouro enquanto valor não está expresso; relativamente ao ouro, o "30" só expri-

---

94. O tempo (de trabalho) se reflete na mercadoria dinheiro. Em si mesma ela não representa tempo indeterminado, mas determinado, porém na relação de valor ela funciona como tempo indeterminado, porque só serve para medir a outra mercadoria. A forma equivalente – como vimos – não tem *determinação* quantitativa.

me, nesta relação de valor, o *quantum* do valor de uso ouro (isto já foi visto acima).

O que caracteriza a primeira forma do dinheiro em relação à segunda é o fato de que a função que lhe corresponde exige uma presença apenas ideal *(ideell)* e não real *(reell)* do ouro: "O preço ou a forma dinheiro das mercadorias como a sua forma de valor em geral é uma forma diferente de suas formas corpóreas, *reais* palpáveis, portanto uma forma só *ideal* ou representada *(vorgestellte)*. O valor do ferro, da tela, do trigo etc. existe, embora de modo invisível nessas coisas elas mesmas; ele é representado através da sua igualdade com o ouro, uma relação com ouro que por assim dizer *está presente só como um fantasma (spukt, assombra) nas suas cabeças*" (Marx 44, p. 110; idem 41, p. 108; grifo nosso)[95]. "O primeiro processo da circulação é por assim dizer um processo *teórico (theoretischer),* preparatório, à circulação efetiva. As mercadorias, que existem como valor de uso, criam para si inicialmente a forma em que aparecem *idealmente* umas em relação às outras como valor de troca, como determinados *quanta* de tempo de trabalho universal objetivado" *(idem* 45, p. 49; *idem* 42, p. 39; grifo nosso). Entretanto, se o ouro é ideal, isto é, ouro que não precisa estar presente como ouro real, mas só como representação do ouro, o objeto que a representação *(Vorstellung)* ouro *visa* é ouro real, mais do que isto, ouro *material*, isto é, ouro na sua existência imediata. "Embora só dinheiro representado sirva à função da medida do valor, o preço depende totalmente do material dinheiro real *(vom reellen Geldmaterial)*" *(idem* 44, p. 111; *idem* 41, p. 109; grifo nosso). A dualidade real/ideal, que se refere à presença ou ausência, não se confunde com a dualidade imediato/mediato, isto é, o da existência "em pessoa" (mesmo se ausente, não presente aqui) e da presença *simbólica*. O ouro tem nessa primeira função o estatuto de objeto só representado, de representação do ouro, mas a representação do ouro tem de visar o ouro "em pessoa", a existência imediata do ouro, não sua existência mediata.

---

95. O texto continua: "O guardião das mercadorias deve (...) pendurar nelas etiquetas de papel para comunicar os seus preços ao mundo exterior. (...) Cada guardião de mercadorias sabe que quando ele dá a forma preço ao valor delas, ele está longe de ter transformado [a sua mercadoria] em ouro, e que ele não usa nem um pequeno *quantum* de ouro efetivo para avaliar em ouro milhões de valores mercadorias".

É já a propósito da primeira forma do dinheiro que se encontra n'*O Capital* a crítica dos projetos visando instituir um dinheiro-tempo de trabalho, dinheiro papel (ou senha) que representaria imediatamente o tempo de trabalho (Marx 44, p. 109, n. 50; *idem* 41, p. 107). Não se trata do papel-moeda, de que trataremos mais adiante, o qual *representa* o dinheiro "mercadoria" e o pressupõe. Tratar-se-ia da criação de uma forma de dinheiro que estaria imediatamente desligada de toda conexão com a mercadoria, isto é, com um produto do trabalho (entenda-se um produto que tenha uma realidade qualitativa e quantitativa não desprezível). Passar-se-ia imediatamente do tempo de trabalho à sua simples representação omitindo a cristalização do tempo de trabalho na mercadoria dinheiro. Esses bônus de trabalho não são dinheiro. Como no caso do "valor" na economia de Robinson Crusoe ou na hipótese da primeira fase do comunismo (ver nosso comentário a respeito em Fausto 14, pp. 89-138), o que se teria aqui seriam *determinações sem posição,* funções do dinheiro introduzidas artificialmente, sem a reflexão objetiva. E a reflexão objetiva, no caso do dinheiro significa antes de mais nada a cristalização do tempo de trabalho numa *mercadoria* particular. É essa condição que introduz as leis objetivas que regulam o dinheiro (se se quiser é a condição de produto do trabalho que assegura a posição e a síntese das determinações do dinheiro). Observe-se que Marx não nega a possibilidade de que se institua tal objeto numa sociedade de transição. Pelo contrário, a idéia de que a distribuição da riqueza se fará num primeiro momento segundo o (tempo de) trabalho de cada um o pressupõe. O que ele nega é 1) que se possa chamar de "dinheiro" tal forma de representação da riqueza, e 2) que ela possa ser introduzida sem pôr abaixo as determinações essenciais do modo de produção (aqui sem dúvida de um lado a concorrência, do outro o capital)[96]. Que o dinheiro seja "mercadoria" (isto é, mercadoria "negada"), o que significa, que o mensurante tenha a mesma forma, com a posição intervertida, do mensurado, estabelece uma "ambigüi-

---

96. Embora pouca gente suponha que introduzir uma "moeda" representando diretamente o tempo de trabalho constitua uma alternativa razoável, é evidente que o problema do que pode e do que não pode mudar no interior do capitalismo se coloca hoje de um modo bem diferente do de Marx. Esse problema é um dos pontos centrais de toda crítica da crítica marxiana: trataremos dele em outro lugar.

dade" no preço[97], já que ele não depende apenas do valor da mercadoria medida mas também do da "mercadoria" que mede. Essa ambigüidade se desenvolve em "incongruência quantitativa" se se considerar a concorrência[98]. Porém essa incongruência não deve ser considerada como um "defeito dessa forma, porém constitui pelo contrário a forma adequada de um modo de produção, em que a regra só pode se impor como lei de média cega da irregularidade *(blindwerkendes Durchschnittsgesetz der Regellosigkeit)*" (Marx 44, p. 117; *idem* 41, p. 116)[99].

O problema discutido no parágrafo anterior era o da possibilidade de um "mensurante" do valor, que não seja ele próprio mercadoria (ou

---

97. Essa ambigüidade é introduzida já antes da posição do dinheiro, a propósito da forma do valor (da determinação quantitativa da forma relativa). Ver Marx 44, p. 69; *idem* 41, p. 62.
98. "Mas se o preço é como expoente da grandeza de valor expoente da sua relação de troca com o ouro, não se segue inversamente que o expoente da sua relação de troca com o dinheiro seja necessariamente o expoente da sua grandeza de valor" *(idem* 44, p. 116; *idem* 41, p. 115). A frase é de leitura difícil. Ela introduz um "inversamente" que não é imediatamente compreensível, a menos que se tratasse de um preço imaginário (como se verá logo mais adiante), mas aqui se visa a simples incongruência quantitativa determinada pela concorrência. Por que há incongruência do fundado ao fundante, e não do fundante ao fundado? Observar-se-á que, a propósito do primeiro percurso, se fala simplesmente em "expoente", mas a propósito do percurso inverso se fala n'"o expoente", e no expoente necessário: o fundamento conduz em geral ao fundado, mas uma forma precisa do fundado não corresponde necessariamente ao fundamento.
99. Que significa isto, precisamente? Que no interior do modo de produção capitalista, as leis se apresentam como leis que são constantemente negadas, ou seja, que em cada uma das ocorrências do fenômeno que a lei subsume há um desvio em relação a ela. Isso não quer dizer que os "desvios" sejam anteriores à lei e que esta seja construída a partir daqueles. Pelo contrário, objetivamente a lei do valor se impõe mas como lei que comporta desvios, isto é, negações, o que nos permite não construir mas re-construir a sua determinação quantitativa a partir dos desvios. Mas a que Marx opõe essa situação? Se o modo de produção capitalista se caracteriza pela existência de leis que se manifestam por (auto)negações, Marx suporia em oposição uma forma social em que as leis não seriam (auto)negadas? Para a sociedade comunista tal como Marx a pensava, o problema não poderia se pôr, porque nela não haveria leis econômicas. A questão só poderia ser levantada a propósito das formas de transição. Na chamada primeira fase do comunismo, na qual dominaria o princípio "a cada um segundo o seu trabalho" (e não ainda "segundo a sua necessidade"), os produtos teriam não um valor (pois para que haja valor é preciso que o "valor" seja posto, e isso não ocorre se a produção for regida por uma comu-

"mercadoria") como o mensurado. Outro problema é o de saber se o "mensurado" pode não ser mercadoria. O primeiro caso vai na direção da *convencionalização* das formas (convencionalização simplesmente ilusória no caso considerado mas que será depois objetiva), o segundo no da *"irracionalização"* delas. Este último radicaliza a incongruência quantitativa entre preço e valor considerada anteriormente: "A forma preço não permite porém apenas a possibilidade de uma incongruência quantitativa entre grandeza de valor e preço, isto é, entre a grandeza de valor e a sua expressão em dinheiro, mas pode abrigar uma contradição qualitativa, de tal modo que o preço deixa de ser simplesmente expressão do valor, embora o dinheiro seja só a forma de valor das mercadorias. Coisas que em si e para si não são mercadorias, por exemplo, a consciência, a honra etc., podem ser cedidas por dinheiro pelo seu possuidor, e adquirir assim pelos seus preços a forma de mercadoria *(Warenform)*. Uma coisa pode pois ter formalmente *(formell)* um preço, sem ter valor" (Marx 44, p. 117; *idem* 41, p. 116)[100]. Até aqui o dinheiro como medida de valor se move propriamente no interior do social-natural. Mas há um segundo movimento, ainda no interior da primeira forma, em que os dois elementos que constituem a unidade do so-

---

nidade), mas um análogo do valor, dado simplesmente pelas médias do tempo de trabalho, e sem alteração imposta pela concorrência ou pela perequação dos lucros (não haveria preço). Nesse caso de certo modo ainda haveria leis, fundadas nas médias da produção, mas essas leis não se autonegariam dada a inexistência do preço. Para além de Marx, seria preciso perguntar se a permanência de leis econômicas não se revela finalmente inevitável, e se essas leis não terão sempre de uma forma ou de outra o caráter de racionalidade "negada", o que parece provável.

100. O texto continua: "A expressão do preço se torna aqui imaginária *(imaginär)* como certas grandezas em matemática". Assim como à raiz de -9 não corresponde nenhuma grandeza real, ao preço da consciência não corresponde nenhum valor subjacente. Vê-se que a raiz em sentido matemático é tomada como o análogo do fundamento, fundamento que dá a racionalidade ao objeto. O preço é a raiz elevada à potência, e é o *resultado da potenciação* que se chama aqui de "expoente". Mas a analogia só vai até certo ponto. Os matemáticos encontraram os meios de dar um tratamento racional aos números "imaginários". Poder-se-ia dizer, de um modo análogo ao de certos casos (preço da terra não cultivada), em que embora não haja valor, se oculte por trás do preço "uma relação de valor objetiva ou uma relação derivada dela" (Marx 44, p. 117; *idem* 41, p. 116). Mas, para o caso da venda da consciência etc., permanece uma "irracionalidade" objetiva. "Contradição" (ver o texto) não significa aqui uma exacerbação da oposição a qual leva a uma ruptura, mas antes a dissolução da relação (que é aqui de fundante a fundado) *sob a aparência delas*.

cial-natural, como que se liberam. Vê-se assim aparecer o convencional, e com ele o seu outro que é o natural. O valor das mercadorias se exprime em diversos *quanta* de ouro representados. Como *quanta* "esses valores se comparam e se medem entre si, e se desenvolve *tecnicamente (technisch)* a necessidade de relacioná-los a um *quantum* de ouro fixado como sua unidade de medida *(Masseinheit)*" (Marx 44, p. 112; *idem* 41, p. 110; grifo nosso. Cf. *idem* 45, p. 54; *idem* 42, p. 44). A divisão dessa unidade de medida em partes alíquotas faz dela um estalão de medida *(Maβstab)*, estalão de medida dos preços. Esse estalão é "puramente *convencional (konventionell) (idem* 44, p. 115; *idem* 41, p. 113. Cf. *idem* 45, p. 56; *idem* 42, p. 46), e, como ele deve ser validado universalmente, é regulado por lei. Isto significa que, em si mesmo, ele não é propriamente *posto* (a posição, tal como a vimos até aqui, remete ao que é propriamente da ordem do social-natural, não ao convencional). E porque ele não está posto *socialmente*, ele deve ser posto pelo direito do Estado (portanto, diferentemente do que ocorre com o contrato, nesse caso o direito do Estado põe, mais do que repõe uma posição anterior à sua intervenção). Como já havia um estalão para exprimir o peso, o nome do estalão de peso serve como nome do estalão de preço (e inicialmente esses nomes recobrem o mesmo estalão). Vê-se assim que a escolha *convencional* de uma certa unidade (de um certo estalão) faz intervir uma relação que é de ordem *natural*. Até aqui, o peso servira simplesmente como *ilustração* do valor (a imagem do peso era de resto a melhor, melhor mesmo do que a analogia de ordem química, porque na medida do peso se tem uma *assimetria).* Agora o peso vale plenamente na sua presença natural. *O natural enquanto natural serve ao social, e isto precisamente, e paradoxalmente, porque o social é aqui da ordem da convenção.* O caminho do momento convencional é também o caminho do momento natural. "Na medida dos valores, as mercadorias se medem como valores, o estalão de preço mede pelo contrário *quanta* de ouro num *quantum* de ouro, [e] não o valor de um *quantum* de ouro no peso de outro" *(idem* 44, p. 113; *idem* 41, p. 111. Cf. *idem* 45, p. 55; *idem* 42, p. 45). Aqui a possibilidade de uma leitura convencionalista e de uma leitura fetichista são *a fortiori* evidentes, porque nesse caso a (própria) realidade social convencionaliza e fetichiza em sentido próprio ou *imediatamente;* ela produz convenção e se serve de relações naturais para converter uma porção de ouro (que exprime valor, determinação social) numa outra porção de ouro (que por sua vez também exprime valor). Mas a relação de ouro a ouro é natural, e a ela remete a função de *estalão* que é ela mesma convencional. Assim, nesse caso, não há simples inscrição ou encarnação do social na matéria; essa inscrição exige que se determine convencionalmente uma certa porção de matéria (da matéria adequada) como unidade, e a comparação entre porções, comparação em que só mediatamente estão presentes, grandezas de valor. Imediatamente se compara ouro com ouro. O peso *(poids)* é aqui o mensurado, e o peso como substância *(pesanteur)* é o mensurante; a unidade de medida de preço coincide com a unidade de medida de peso (no ponto de partida, depois só o nome é o mesmo). Se tomarmos a convenção que institui o padrão de preço como modelo de relações sociais, leremos essa relação à maneira convencionalista; se, pelo contrário, o relacionamento entre objetos materiais que a função de padrão de preço exige for erigido em modelos das relações sociais, a leremos à maneira fetichista[101]. O social-natural, como unidade dos dois momentos, é na realidade um terceiro que contém um e outro[102]. Que o estalão de preço introduza um registro

---

101. Sobre essas ilusões, nesse contexto, ver Marx 45, p. 58; *idem* 42, p. 48: "Surgiu (...) a representação estranha, de que *(als ob,* como se) o ouro seria avaliado no seu próprio material, e diferentemente de todas as outras mercadorias receberia um preço *fixo* por iniciativa *(wegen)* do Estado" (grifado por Marx). A ilusão é aí ao mesmo tempo convencionalista e fetichista.
102. Poder-se-ia dizer em sentido muito geral que o natural corresponde à qualidade, o convencional à quantidade, e o social-natural à medida, porém mais precisamente à essência. Assim como o convencional é de certo modo o objeto posto, mas posto em exterioridade, a quantidade representa em Hegel "a determinidade indiferente *(gleichgültig)*" que não é a negação de um outro, mas é indiferente a este, e à qual o outro é exterior" (Hegel 30, p. 333; *idem* 28, p. 361). Quantidade e essência são opostos, um representa a exterioridade, o outro a interioridade, mas os dois têm em comum o fato de não serem da ordem do imediato. O que significa que ambos introduzem a posição, mas a quantidade é a posição imediata. Entre o convencional e o posto vai a distância (e a proximidade) que existe entre o verbo *nemo,* que corresponde a *nomos,* e *tithemi,* que corresponde a *thesis.* De um lado, atribuir uma parte, distribuir, partilhar; de outro pôr, instituir, mas também criar, produzir. O que é posto não intervém apenas no natural como o *nomos* (partilhar um campo, p. e.), *mas se faz natural,* institui e cria. A posição é a convenção afetada pelo seu contrário, a convenção que não é convencional; ou, partindo do outro extremo nela se tem o natural afetado pelo seu contrário, o *naturwüchsig,* o quase (como se) natural (o "quase" corresponde de fato à negação dialética). A passagem à lógica da essência corresponde assim à passagem ao social-natural, a partir do natural e do convencional. O que é posto é assim também a mediação que se tornou imediata. A essên-

convencional significa, em termos da lógica hegeliana da medida, que a medida se faz aqui medida externa, mesmo se o mensurável tem a mesma natureza geral que o mensurado.

Compare-se com o que Hegel escreve sobre o que ele chama precisamente de *Maβstab*, estalão ou padrão de medida: "Uma medida enquanto estalão no sentido usual é um *quantum* que é tomado *arbitrariamente* como a unidade determinada em si em relação a uma quantidade numérica *(Anzahl)* externa[103]. Sem dúvida, tal unidade pode também ser de fato unidade determinada em si, como o pé ou outras medidas originais de tal sorte; porém até onde ela é utilizada como estalão também para outras coisas, ela é para estas apenas medida *externa*, não sua medida original" (Hegel 28, p. 343; *idem* 26, p. 30)[104]. O estalão é assim a exteriorização da medida, a reflexão exterior da medida.

---

cia é volta ao ser, o ser que se interioriza (ou se lembra – *erinnern* – de si mesmo): "Com isto o ser voltou absolutamente a si; ele suprimiu a sua determinidade, a de ser imediato simples e se interiorizou" (Hegel 30, pp. 332; *idem* 23, p. 361). O segredo do último movimento da lógica da medida (e portanto da lógica do ser) é o descobrimento de que a *determinidade é indeterminidade,* o que significa retomar no contexto do conjunto do primeiro livro da *Lógica,* uma dialética que já está dada no início da lógica do ser. Através da dialética da indiferença, que é na realidade dialética do ser que volta para se tornar essência, descobre-se que todo o desenvolvimento da lógica do ser é na realidade movimento de determinação do ser, ser que afinal se mostra paradoxalmente como indeterminado. A determinação é indeterminação. O ponto de chegada é "o ser enquanto ele é não ser o que ele é, e ser o que ele não é (...)" *(idem* 30, p. 334; *idem* 23, p. 362). O ser é determinado como indeterminado. Como essa determinação é assim ao mesmo tempo o nada, repõe-se o devir *(Werden),* unidade do ser e do nada (que corresponde na realidade ao passar, *übergehen).* Mas agora *o devir devém* (e é por isso que ele é retomado) *o passar passa, a morte morre* ou o nascimento é um nascimento em que só ele próprio nasce. E não se trata mais do devir que devem no *Dasein,* no ser-aí, como no início da *Lógica.* "(...) a relação negativa para com o outro, a qual como tal é ser determinado ou passar, é antes supressão da própria determinidade, *o passar em si mesmo;* negação do negativo" *(idem* 30, p. 382; *idem* 23, p. 360; grifo nosso). *O passar passa à posição. O devir vem a ser posição.*
103. Doz traduz *Anzahl* por "nombre-dénombrant". Bourgeois propõe "valor numérico" ("a quantidade numérica"); ver *idem* 18, p. 364, texto e n. 3. Ao contrário do que faz Doz, Labarrière e Jarczyk traduzem *Anzahl* por "nombre-numeré". Retomamos aqui a tradução sugerida *em nota* por Bourgeois.
104. Observe-se entretanto que tanto na primeira como na segunda edição da *Lógica do Ser* o estalão (a unidade de medida) ou a regra intervém no primeiro capítulo, "a quantidade específica". Ora, como já assinalamos, e esta é também a opinião de

A introdução do estalão de preços recoloca o problema da linguagem: "Os preços ou os *quanta* de valor, em que os valores das mercadorias foram idealmente transformados, são agora expressos nos *nomes monetários (Geldnamen)* ou *nomes de conta (Rechennamen)* válidos legalmente do estalão ouro. Assim, em vez de *dizer* que um quarter de trigo é igual a uma onça de ouro, se diria na Inglaterra que ele é igual a 3 libras esterlinas, 17 schillings e 10 1/2 pence. Nos seus *nomes monetários*, as mercadorias se *dizem* assim o que elas valem, e o dinheiro serve como dinheiro de conta *(Rechengeld)* quando se trata de fixar uma coisa como valor, e por isso [fixá-la] em forma monetária" (Marx 44, p. 115; *idem* 41, p. 114; grifo nosso). Como o social-natural enveredou aqui pelo registro do que é propriamente convencional – este é como vimos o sentido da exteriorização da medida –, a expressão de valor receberá assim um simples *nome*, diferente da sua expressão original. O convencionalismo se expressa no nominalismo. "O nome de uma coisa – escreve Marx de um modo que é de resto excessivo, mas que corresponde ao contexto – é inteiramente exterior à sua natureza. Não sei nada do homem quando sei que ele se chama Jacob" *(id., ibid.)*. Uma linguagem exteriorizada ou alienada recobre a linguagem original. A língua "natural" (isto é, social-natural) é recoberta por uma língua artificial (isto é, convencional, mas que como vimos exprime contraditoriamente também determinações naturais dos objetos). A imagem ou analogia que se introduz aqui é a da *cabala*: "A confusão sobre o sentido oculto desses *signos cabalísticos (kabbalistischen Zeichen)* é tanto maior, porque os nomes monetários exprimem o valor das mercadorias e ao mesmo tempo as partes alíquotas do peso metálico, do estalão do dinheiro *(idem* 44, pp. 115-6; *idem* 41, p. 114; grifo nosso). A analogia com uma linguagem *cifrada* é aqui utilizada expressamente por Marx. Mas a cifra é, aqui, em segunda potência. O hebraico redobra de certo modo o hieróglifo, que representa a primeira cifragem. O código cabalístico cifra o que já era uma cifra. Por isso a

---

Doz (ver Doz 9), o paralelo entre de um lado a forma do valor e o dinheiro n'*O Capital* e de outro a lógica da medida se revela antes tomando como referência o segundo capítulo, "a medida real" ou "a relação de medidas autônomas" (1ª edição), quando a medida já percorreu um ciclo inicial de exteriorização e interiorização, e volta a sair de si mesma como medida interiorizada e autônoma. É como se n'*O Capital* a unidade de medida se inscrevesse na medida real.

decifração do segundo código só nos conduz à forma do valor, que é ela mesma cifrada (aos preços das mercadorias expressos em linguagem ouro). De fato, pelo que escrevem os especialistas, a cabala utiliza o duplo significado das letras do alfabeto hebraico, o fato de que – e aí a analogia lingüística se sobredetermina – elas também representam algarismos. E se as letras representam algarismos, as palavras indicam números; mas a esses números correspondem significados que não são os significados usuais de cada palavra[105]. Expresso pelo estalão de preço, o dinheiro se transforma como vimos em dinheiro de conta *(Rechengeld),* dinheiro de *cálculo.* O cálculo é a expressão vazia do formalismo, em que o conteúdo se esvai. E na medida em que o desaparecimento do conteúdo é ocultação dele (porque, não se tratando de pura aritmética, o conteúdo continua sendo essencial), ao cálculo, linguagem por excelência do entendimento, corresponderá analogicamente – e à primeira vista surpreendentemente – a linguagem mágica da cabala.

II – A SEGUNDA FORMA DO DINHEIRO: MEIO DE CIRCULAÇÃO

Se a primeira forma do dinheiro corresponde ao momento positivo, finito, o da idealidade e da universalidade abstrata, a segunda representa o negativo e o infinito (de fato o mau infinito), o momento da realidade oposto à idealidade, e também a particularidade. Nesse sentido, ele está para a primeira forma do dinheiro como a segunda forma do valor está para a primeira. Porém, na segunda forma do dinheiro se põe o *movimen-*

---

105. Cf. o texto do *Apocalipse,* que Marx cita no capítulo II, tendo em vista o dinheiro: "Eles têm todos um só desígnio e darão à besta a sua força e o seu poder" [*Apocalipse,* XVII, 13]. "E que ninguém possa nem comprar nem vender, se não aquele que tiver o signo ou nome da besta, ou o *número* desse nome" [Ap. XIII, 17] (Marx 44, p. 101; *idem,* p. 99, grifo nosso; em latim n'*O Capital*). No artigo "Kabbale" (de Gabriele Sed-Rajna e François Secret) da *Encyclopaedia Universalis* (Encyclopaedia 11) há várias referências ao caráter numérico do simbolismo cabalístico, e também ao fato de que em determinados casos ele exprime "medidas": "O tratado mais célebre desse período [o período talmúdico, séc. II a V], intitulado *Shi' ur qoma (Medidas do còrpo),* descreve a aparência corporal de que se reveste a divindade quando da sua teofania sobre o trono. A imensidade das *'medidas'* é uma expressão simbólica da incomensurabilidade da transcendência divina e ao mesmo tempo um conjunto complexo de símbolos numéricos" *(id., ibid.,* Corpus 13, p. 230; grifo nosso).

to. Sob esse aspecto, na medida em que no capítulo II tem-se, entre outras coisas, a efetivação da troca (daí a *posição* dos agentes) em contraposição à simples possibilidade dela, contida na dialética da forma do valor (o capítulo II retoma nesse novo registro o conjunto da forma do valor) – a segunda forma do dinheiro corresponde não só à segunda forma do valor, mas também ao conjunto do capítulo II, sobre o processo de troca. "O dinheiro ou *a circulação das mercadorias*" – este o título completo do capítulo III – é o análogo, enquanto apresentação da circulação de mercadorias (isto é, da circulação *mediata* de mercadorias) do processo *imediato* de trocas que termina logicamente com a emergência do dinheiro. No interior desse paralelo, a segunda forma do dinheiro é privilegiada.

A medida do valor *exterioriza* o valor da mercadoria, ela é a *Entäusserung* do valor, a qual efetiva a forma equivalente enquanto "espelho do valor". Com o dinheiro como meio de circulação, tem-se a *Veräusserung* da mercadoria, a sua alienação, ou exteriorização, por sua vez, efetiva. (A alienação corresponde assim ao outro lado do equivalente, o equivalente como o "universalmente trocável"). "A exteriorização, *(Entäusserung)* da forma de valor primitiva se consuma *(vollzieht)* através da alienação *(Veräusserung)* da mercadoria, isto é, no momento em que o seu valor de uso atrai efetivamente o ouro só representado no seu preço" (Marx 44, p. 123; *idem* 41, p. 123). "A forma preço inclui a *alienabilidade (Veräusserlichkeit)* das mercadorias contra dinheiro e a necessidade dessa *alienação (Veräusserung)*"[106]. A *Entäusserung* pode ser lida como a primeira negação, a *Veräusserung* como a segunda. Enquanto forma de *movimento,* esta última é ao mesmo tempo a resolução da contradição contida tanto na forma anterior como no processo de troca, e que é ela mesma o resultado do desenvolvimento da oposição inicial entre valor e valor de uso. "Viu-se que o processo de troca das mercadorias contém relações contraditórias e que se excluem mutuamente. O desenvolvimento da mercadoria não suprime essas contradições, mas cria a forma em que elas podem se *mover.*

---

106. O texto continua: "Por outro lado, o dinheiro só funciona como medida de valor ideal, porque ele já ronda no processo de troca como mercadoria dinheiro. Na medida ideal dos valores espreita o sólido *dinheiro*" (Marx 44, p. 118; *idem* 41, p. 117; grifo nosso).

Este é o método pelo qual se *resolvem* em geral as contradições efetivamente reais"[107]. Na *Contribuição à crítica da economia política* lê-se do mesmo modo: "Depois que a mercadoria recebeu no processo da atribuição de preço *(Prozess der Preisgebung)* sua forma capaz de circulação, e o ouro, o seu caráter de dinheiro, a circulação *apresentará (darstellen) e ao mesmo tempo resolverá (lösen) as contradições* que continha o processo de troca das mercadorias" (Marx 45, p. 69; idem 42, p. 58). Estudemos mais de perto o estatuto que têm aqui a contradição e o movimento. O movimento já tinha sido posto no processo de troca, mas era um movimento sem mediação, e, por isso mesmo, marcado pela subjetividade dos agentes[108]. Com o dinheiro, o movimento ganha uma mediação, mas na primeira forma daquele, o movimento é apenas em si. Só com a segunda forma, o movimento se efetiva – passando ao para si – como mediação. O movimento do dinheiro é um *devir*[109], passagem[110], transubstanciação[111], metamorfose *(idem* 45, p. 73; *idem* 42, p. 62; por exemplo). No movimento D-M-D, a mercadoria *morre* no dinheiro, e *renasce* como mercadoria[112]. Os dois pólos que

---

107. Segue-se o exemplo da elipse: "É por exemplo uma contradição que um corpo caia constantemente num outro e que ao mesmo tempo ele se afaste constantemente dele. A elipse é uma das formas de movimento, em que esta contradição tanto se efetiva como se resolve *(löst)*" (Marx 44, pp. 118-9; *idem* 41, p. 118).
108. Não é a *posição* dos agentes ela mesma que indica aqui a subjetividade relativa da determinação, mas sim a forma ainda muito subjetiva pela qual eles são postos. Nesse momento da apresentação os agentes são suportes, mas só em sentido muito geral.
109. Ver em *idem* 44, p. 124; *idem* 41, p. 125 as expressões *Warenwerdung* e *Geldwerdung,* vir a ser mercadoria, vir a ser dinheiro.
110. "(...) sua alienação, isto é, sua passagem *(Übergehen)* das mãos em que ela [a mercadoria] é não-valor de uso, às mãos em que ela é valor de uso (...)" *(idem* 45, p. 71; *idem* 42, p. 60; grifo nosso).
111. "Se essa *transubstanciação (Transubstantiation)* não tiver êxito, a tonelada de ferro deixa de ser não só mercadoria, mas produto (...)" *(idem* 45, pp. 70-1; *idem* 42, p. 59).
112. Esse movimento é pensado também como passagem do estado de fusão (mercadoria) à cristalização (dinheiro), e vice-versa *(idem* 44, p. 126; *idem* 41, pp. 126-7). Há ainda a imagem do amor (dos pólos que se "atraem"), nesse caso não há devir *(idem* 44, p. 124; *idem* 41, p. 125; por exemplo), e também a imagem do encontro entre a alma (valor de troca) e o corpo (valor de uso) *(idem* 45, pp. 73-4; *idem* 42, p. 62). Poder-se-ia dizer que do ponto de vista material esse devir contém igualmente uma *phorá,* um movimento local.

contêm virtualmente movimento, isto é, que contêm o movimento "negado" ("pólos" são objetos da ordem da essência) se põem assim em movimento, e esse movimento é um devir. Assim, tem-se aqui, por um lado, uma "regressão" ao ser – pois o devir é do domínio do ser –, o que só foi possível pela cristalização prévia dos dois pólos, portanto pelo desenvolvimento da essência. Os pólos, que são inicialmente puras reflexões, ganham uma determinação positiva, e é só então que o movimento aparece como um devir. A mobilidade da contradição só é possível pela imobilização dos pólos. A cristalização das determinações essenciais prepara o devir. Porém, ao mesmo tempo, o movimento das mercadorias é progressão (na ordem da apresentação). Se a essência repõe aqui o ser, ele o repõe preparando o conceito. Esse movimento ainda não é, entretanto, o movimento-sujeito. O "se move" (a mercadoria *se move*) ainda é um predicado. A mercadoria nega a coisidade – ela passa no dinheiro –, mas ainda não se faz coisa-processo. Por ora, só os momentos positivos (isto é, a mercadoria e o dinheiro, enquanto tais) estão postos, os momentos negativos (os intervalos entre eles) são pressupostos evanescentes. Poder-se-ia dizer, a circulação das mercadorias introduz *densidade* no processo, mas não *continuidade*. Os instantes permanecem atomizados. Em que sentido a contradição se move, se apresenta e se resolve aqui (sem que ela se suprima)? A contradição é aqui a oposição valor de uso/valor[113]: essa oposição se exterioriza na oposição forma relativa/forma equivalente, e em seguida se cristaliza na oposição mercadoria/dinheiro. Os dois termos são opostos porque um é particular, e o outro é um particular que se universalizou (singular-universal). Na mercadoria e no dinheiro os *dois* pólos estão presen-

---

113. Justificamos em outro lugar (Fausto 14, pp. 116 e ss., 141-223) o uso dos termos oposição e contradição nesse contexto. O dinheiro é ao mesmo tempo uma mercadoria, *a* mercadoria universal e a negação da mercadoria. É enquanto particular-universal ou antes singular-universal que ele enfrenta a mercadoria particular. É nesse sentido que há uma tensão entre os dois termos. Se, em Aristóteles, a oposição entre contrários se estabelece (entre outras coisas), entre "os atributos que mais diferem no interior do mesmo gênero" (ver *Metafísica,* livro Δ, 1018a 27) – as espécies que mais diferem e que portanto são contrárias, são em Marx (como em Hegel), de um lado uma espécie *qualquer* e de outro a espécie universalizada, o particular e o universal concreto. (Sobre a relação entre a substância marxiana, que admite contrários, e a substância aristotélica, que não admite, ver Fausto 14, p. 98, texto que publicamos pela primeira vez em 1978).

tes, só que um em forma *real* e o outro em forma *ideal,* com sinais trocados. Assim, a oposição dinheiro/mercadoria redobra a oposição valor/valor de uso, que cada um tem no interior de si mesmo: "[O processo de troca] produz uma duplicação da mercadoria em mercadoria e dinheiro, uma oposição externa, em que se apresenta a oposição imanente entre valor de uso e valor. Nessa oposição, as mercadorias afrontam, como *valor de uso*, o dinheiro como *valor de troca*. Por outro lado, os *dois lados* da oposição são mercadorias, portanto unidades de valor de uso e valor. Mas essa unidade de diferentes se apresenta *invertida* em cada um dos dois pólos e através disso apresenta ao mesmo tempo a relação recíproca deles. A mercadoria é *realmente (reell)* valor de uso, o seu ser-valor aparece só *idealmente (ideell)* no preço, o qual a põe em relação com o ouro que está em face dela como sua figura real de valor. Inversamente o material ouro vale *(gilt)* só como materialização do valor *(Wertmateriatur),* [só como] dinheiro. Por isso, ele é *realmente (reell)* valor de troca. O seu valor de uso aparece só *idealmente (ideell)* na série de expressões de valor relativas, nas quais ele se relaciona com as mercadorias que estão diante dele, como o círculo de suas figuras úteis reais. Essas formas opostas das mercadorias são as formas de movimento efetivas do seu processo de troca" (Marx 44, p. 119; *idem* 41, pp. 118-9; grifo nosso). Assim, na circulação das mercadorias, a forma ideal se torna real e a forma real se torna ideal, e isto tanto para a mercadoria como para o dinheiro. Cruzam-se idealizações e realizações, o que significa que se passa da potência ao ato, mas ao mesmo tempo do ato à potência, ou, o que significa o mesmo, da pressuposição à posição e ao mesmo tempo da posição à pressuposição. Como o movimento global é M-D-M, teremos duas vezes esse duplo movimento. (Na troca direta de mercadorias, a mediação não está posta, as mercadorias devem se transubstancializar *um instante* em valor, para voltar a ser mercadorias. Para além do dinheiro, com o capital, a "evanescência" (isto é, o instante negativo) reaparecerá, mas como evanescência posta, e que separa momentos, formas fenomenais, do Sujeito do processo). A contradição se move ou se *apresenta:* o valor de troca passa no valor de uso e vice-versa. O valor de troca é... valor de uso. O valor de uso é... valor de troca. A mercadoria é... dinheiro. O dinheiro é... mercadoria. A contradição não é suprimida, precisamente porque a passagem deixa o extremo que é o ponto de partida como pressuposto. Ou antes – e por isso se pode falar em devir – a determinação que representa o ponto de partida reaparece no ponto de chegada como determinação "negada"[114]. Que significa "a contradição se *resolve*"? Se a expressão remete a alguma outra coisa que não o fato de que há movimento de oposto a oposto, só pode ser ao fato de que o movimento é circular, M-D se completa por D-M, o valor de uso é negado (primeira negação) em valor de troca, o valor de troca é negado (segunda negação ou negação da negação) em valor de uso. Restabele-

---

114. Referimo-nos não à volta de M a M em M-D-M, mas ao que ocorre quando se passa de M a D ou de D a M (e, na medida em que cada um desses movimentos se faz simultaneamente dos dois lados, ao que ocorre quando se passa de M a D *e* de D a M). Na realidade se tem (barrando a forma pressuposta por uma linha interrompida):

Mercadoria   *Dinheiro*
valor de uso   ~~valor de uso~~
~~valor de troca~~   valor de troca

Se fixarmos cada determinação (valor de uso e valor de troca), o movimento vai da pressuposição à posição, e vice-versa (ou da idealização à realização, e vice-versa, ou ainda da potência ao ato, e vice-versa). O valor de troca pressuposto (ideal, potencial) da mercadoria se torna valor de troca posto (real, em ato) do dinheiro, e vice-versa; o valor de uso pressuposto (ideal, potencial) do dinheiro se torna valor de uso posto (real, em ato) da mercadoria, e vice-versa.

Mercadoria   *Dinheiro*
I. valor de uso ↔ ~~valor de uso~~
~~valor de troca~~ ↔ valor de troca

Mas se fixarmos não as determinações valor de uso/valor de troca, mas os *lugares* que elas ocupam (a "região" pressuposta e a "região" posta) teremos:

Mercadoria   *Dinheiro*
II. valor de uso ⨯ ~~valor de uso~~
~~valor de troca~~ ⨯ valor de troca

O valor de uso (posto) "morre" para que "nasça" do valor de troca (posto), e vice-versa, como o valor de uso (pressuposto) "morre" para que "nasça" o valor de troca (pressuposto), e vice-versa.

Se o movimento I define uma reflexão, um movimento de pressuposição a posição (e vice-versa), o movimento II define um devir. O primeiro é o movimento da circulação de mercadorias lido a partir da lógica da essência, o segundo o mesmo movimento lido a partir da lógica do ser. (No interior do capital enquanto capital, o movimento mercadoria/dinheiro é da ordem da lógica do conceito). Observe-se que também em II a contradição não é suprimida, porque há um devir posto e um devir pressuposto. A *relação* entre os dois movimentos do devir remete à lógica da essência, mesmo se o devir é da lógica do ser.

ce-se finalmente a identidade valor de uso = valor de uso[115]. Só que não se trata do mesmo valor de uso. A circulação das mercadorias poderia ser assim representada por um silogismo: "(...) em M-D-M os dois extremos M não estão na mesma relação formal para com D. O primeiro M se relaciona como mercadoria *particular* com o dinheiro como mercadoria *universal,* enquanto o dinheiro como a mercadoria universal se relaciona com o segundo M como mercadoria singular. Por isso, M-D-M pode ser reduzido [de um modo] abstratamente lógico *(abstrakt logisch)* à forma silogística P-U-S, em que a particularidade constitui o primeiro extremo, a universalidade o termo médio *(Mitte)* que encadeia, e a singularidade o extremo final" (Marx 45, p. 76; *idem* 42, pp. 64-5). Se o extremo final é considerado singular é porque é a mercadoria final e não a que constitui o primeiro extremo que satisfaz à necessidade. Para o vendedor, a primeira é qualquer. O silogismo que se constitui aí tem como termo médio um universal, ele pertenceria na realidade à terceira figura da tradição, a qual na lógica hegeliana do conceito vem a ser a segunda[116]. Se a circulação de mercadorias é um silogismo, a troca imediata é um juízo, e a mercadoria, abstração feita

---

115. É nesse sentido que se lerá nos *Grundrisse* que o movimento *parece* ser o de um mau infinito, mas se resolve num movimento que não é dessa ordem: "À primeira vista a circulação aparece como um *processo de mau infinito.* A mercadoria é trocada contra o dinheiro; o dinheiro é trocado pela mercadoria, e assim ao infinito. Essa renovação constante do mesmo processo constitui na realidade um momento essencial da circulação. Mas, considerado mais de perto, ele apresenta ainda outros fenômenos; fenômenos de conexão ou de volta a si mesmo do ponto de partida. A mercadoria é trocada contra dinheiro, o dinheiro é trocado contra mercadoria. Assim a mercadoria é trocada contra mercadoria, só que essa troca é mediada" (Marx 43, p. 111; *idem* 46, p. 136; grifado por Marx). Assim, no que se refere à mercadoria, o mau infinito é reabsorvido, mas por um processo que é *finito.* Há um circuito das mercadorias. Porém "a mesma forma exclui [que haja] circuito do dinheiro" *(idem* 44, p. 128; *idem* 41, p. 130). O curso do dinheiro é "repetição constante e monótona do mesmo processo" *(idem* 44, p. 129; *idem* 41, p. 130).
116. Ver Hegel 29, p. 324; *idem* 25, p. 171; e a nota 60 de Labarrière e Jarczyk em *id., ibid.,* p. 169. Esse silogismo pertenceria à terceira figura hegeliana e à segunda da tradição, no que se refere à *natureza* do termo médio: ele tem como termo médio um universal. Mas no que se refere à *posição* do termo médio a coisa é mais complicada. Esse silogismo (ou "silogismo", se se quiser) deveria ser representado assim (esta representação tenta explicitar a natureza do silogismo em Hegel e Marx, tanto o seu sentido geral – o que constitui o problema mais importante – como o caso particular considerado):

do processo de troca, é um conceito. A passagem do conceito ao silogismo é assim introdução do movimento mediatizante. Vê-se que se a circulação das mercadorias, e em geral a teoria da circulação simples, pode ser lida a partir da lógica do ser e da lógica da essência, ela também pode ser lida a partir da lógica do conceito, mais precisamente da primeira seção da lógica do conceito (a subjetividade). E, como já vimos, há também uma leitura que toma como ponto de partida a

A mercadoria A é... dinheiro
O dinheiro é... mercadoria B
─────────────────────────...
A mercadoria A é... mercadoria B

Vê-se que para passar do silogismo formal ao silogismo no sentido dialético, a primeira coisa a fazer é representar as duas premissas e a conclusão sob a forma de juízos de natureza dialética, no caso em juízos de reflexão em que o sujeito se põe no predicado (Fausto 14, pp. 141-223; *idem* 15, pp. 11-133; e também *idem* 16, 1). O silogismo dialético (não em sentido aristotélico evidentemente) está assim constituído por formas de juízo próprias à lógica dialética. *Mas a natureza da relação de conseqüência também se altera*. No silogismo dialético – e é isto que ilumina a originalidade (e provavelmente o rigor) da teoria dialética do silogismo – *a conclusão contradiz as premissas*. A conseqüência é uma negação dos princípios. Nesse sentido se deve representar também a relação de conseqüência de uma forma original. Se essa relação na sua forma de entendimento – for representada por um traço horizontal separando as premissas da conclusão, a esse traço acrescentaremos o símbolo "...", o símbolo total "_____..." significará então "é a consequência em sentido dialético (e portanto é "a negação" das premissas indicadas. O silogismo que examinamos enunciaria assim que "a mercadoria A passou no dinheiro", "o dinheiro passou na mercadoria B" e, conclusão, "a mercadoria A passou na mercadoria B". (Optamos pela leitura em termos de devir, que é expresso pelo "passar"). A conclusão parece tautológica, "a mercadoria é...– mercadoria", ela passa em si mesma. Mas não há tautologia, porque se altera a natureza da mercadoria (embora logicamente se tenha aí uma espécie de identidade dialética). Essa conclusão contradiz a premissa maior porque nesta se afirmou a passagem da mercadoria não nela mesma mas no seu outro, o dinheiro.

Se no que se refere à natureza do termo médio, tem-se no exemplo um silogismo da segunda figura clássica, mas que em Hegel representa a terceira figura no que concerne à posição do termo médio. Teríamos:

P - ... U
U - ... S
─────...
P - ... S

objetividade, isto é, não a primeira mas a segunda seção da lógica do conceito.

A contradição é ilustrada pelo exemplo da elipse. Até que ponto essa comparação é válida? Na elipse, ou no movimento elíptico (que é o descrito pelos planetas) ter-se-ia um afastar-se que é... um cair, e um cair que é ... um afastar-se. O exemplo tenta dialetizar leis e relações da física e da matemática, ciências positivas. Sem entrar no detalhe do exemplo, digamos que, em geral, o resultado é decepcionante, e é antes o inverso o que se obtém: as determinações dialéticas não explicitam aí as relações do entendimento, mas antes se perdem nestas. Se há uma física com a qual a dialética tem, digamos, afinidade, não é a de Newton (nem a de Kepler, que os antinewtonianos Hegel e Marx preferem à de Newton)[117] – não é a física ciência positiva dos modernos, mas a *Física* de Aristóteles[118]. Isto não significa que o entendimento não tenha um lugar n'*O Capital,* e na realidade um lugar que é muito mais amplo do que o que Hegel concede a ele. E precisamente na subdivisão seguinte, ainda no interior da segunda forma do dinheiro, é o entendimento que aflora, quando se enuncia a equação que exprima a massa de dinheiro

---

Formalmente, a posição do termo médio seria sucessivamente a de predicado e sujeito, o que em termos da teoria clássica remeteria esse silogismo à quarta figura. Mas isto não significa muita coisa, porque, n'*O Capital* esta forma é a mais simples. E com isto nos afastamos da teoria hegeliana do silogismo (nos seus desenvolvimentos) porque nela a figura em que o termo médio é duas vezes universal (quanto à natureza), é também aquela em que o termo médio é duas vezes predicado (quanto à posição) (ver Hegel 29, p. 324; *idem* 25, p. 172): o que corresponde à terceira figura hegeliana, e à segunda figura da tradição. Em resumo, Hegel altera a ordem das figuras mas conserva, o que não é imediatamente visível, a congruência entre a natureza do termo médio e a sua posição, enquanto n'*O Capital* caem tanto a ordem das figuras (e como vimos cai de um modo mais radical) como a congruência entre a natureza e a posição do termo médio. Porém, o importante é a congruência, no que se refere ao seu sentido geral, entre a versão hegeliana e a versão marxiana do "silogismo dialético".
117. Tentamos, entretanto, desenvolver o paralelo Marx/Newton em Fausto 17. Subjaz a essa tentativa a idéia de que *sob um certo aspecto* a velha e a nova física convergem.
118. Pense-se nas relações entre a teoria aristotélica do movimento e as formas de movimento na *Lógica*. Estas ultrapassam certamente os quadros aristotélicos, mas tudo se passa como se devessem ser lidas sobre o fundo daquelas. Em alguns textos, Hegel estabelece explicitamente o parentesco entre os conceitos da lógica e as determinações aristotélicas. Interessa-nos particularmente a relação entre de um

funcionando como meio de circulação: "(...) para um período de tempo dado do processo de circulação

$$\frac{\text{soma dos preços}}{\text{das mercadorias}} = \frac{\text{massa de dinheiro que funciona como meio de circulação}}{\text{número de percursos das peças de moeda de mesmo nome}}$$

Essa lei tem valor geral" (Marx 44, p. 133; *idem* 41, pp. 135-6; grifo nosso). O enunciado dessa lei nada tem a ver com a dialética, e entretanto, pode-se dizer, que ela é substantiva no texto d'*O Capital*. Isto mostra como a relação do discurso de Marx com o entendimento não é a mesma que a do discurso hegeliano, mesmo se a crítica que faz Hegel ao entendimento não é de forma alguma puramente negativa[119].

---

lado a dualidade hegeliana em si/para si, e mais ainda pressuposição/posição, e de outro a dualidade aristotélica potência/ato (como também matéria e forma). "A *dynamis* é em Aristóteles a disposição *(Anlage)* o em si, o que é objetivo; [é] em seguida o universal abstrato em geral, a idéia, que é só *potentia*. Somente a energia, a forma, é atividade, o que causa efetivamente, a negatividade que se refere a si mesma. Quando dizemos, pelo contrário, a essência, com isto a atividade *ainda não está posta,* a essência é somente *em si,* somente possibilidade, ela é sem forma infinita. A matéria é somente o que é *em si*; pois se ela pode receber todas as formas é precisamente porque ela não é ela mesma o princípio formador. Entretanto a substância essencialmente absoluta tem, sem que eles estejam separados um do outro, possibilidade e efetividade, forma e matéria" (Hegel 27, Vol. 18, p. 321; *idem* 20, p. 519; grifo nosso). "Para compreender o que é desenvolvimento *(Entwicklung)* devemos poder distinguir duas situações *(zweierlei Zustände),* por assim dizer. Uma é conhecida como disposição *(Anlage),* capacidade *(Vermögen),* o ser-em-si *(das Ansichsein)* (como eu a chamo) *potentia, dynamis*. A segunda determinação é o ser-para-si *(das Fürsichsein),* a realidade efetiva *(actus, enérgeia)"* (*idem* 27, vol. 17, p. 49) (Ricardo Terra chamou a nossa atenção para esses textos, agradecemos). Em Marx se tem a mesma tradução da potência e do ato em pressuposição e posição: "A negação numa determinação da mercadoria é sempre sua realização na outra. Como preço ela já está negada idealmente como valor de uso e *posta* como valor de troca; como dinheiro realizado, isto é, como meio de compra suprimido, ela é valor de troca negado, valor de uso realizado *(realisierter Gebrauchswert)*. Inicialmente ela é apenas *dynamei* valor de uso e valor de troca; ela só *vem a ser posta* como uma coisa e outra na circulação, e na realidade a circulação é a mudança *(Wechsel)* dessas determinações. Alternância e oposição, a circulação é também sempre o equacionamento *(Gleichsetzung)* dessas determinações" (Marx 43, p. 924; *idem* 42, p. 232; versão primitiva; Marx grifa "vem a ser").
119. Ver a respeito Fausto 15, pp. 201-86 e o volume final desta série.

Vimos que na forma anterior havia um momento nominalista e convencionalista. Quando o dinheiro funciona como padrão de preço, o valor se exprime qualitativa e quantitativamente numa linguagem duas vezes estranha. O dinheiro é, então, dinheiro de conta[120]. Vimos também que esse processo de "convencionalização" introduz também um momento em que afloram relações naturais. O padrão de preço mede imediatamente ouro em ouro, não valor em ouro. O social-natural libera assim os seus dois momentos: o convencional e o natural. Na segunda forma, que é a do dinheiro *real,* o convencional (mas também, como veremos, o lado natural) são efetivados, isto é, eles aparecerão no lado do objeto e do real, não no do ideal e do sujeito como na primeira forma.

Se da função da medida de valor resulta a fixação do estalão de preço pelo Estado (estalão que em si mesmo não exige a cunhagem da moeda), da autonomização da função de meio de circulação resulta a moeda *(Münze),* dinheiro cunhado pelo Estado. Agora o dinheiro não recebe apenas um outro nome, mas cunho e figura próprios: "Peças de ouro, cujo cunho *(Gepräge)* e figura mostram que eles contêm as porções de peso de ouro representadas no nome de conta do dinheiro, libra esterlina, schilling etc., são moedas *(Münze)"* (Marx 45, p. 87; *idem* 42, p. 75; *idem* 44, p. 139; *idem* 41, p. 141). A representação do valor ganha uma *figuração* própria. Se como medida do valor o dinheiro tinha uma realidade universal abstrata, ele adquire como padrão de preço uma *língua nacional,* e como moeda um *uniforme* nacional: "Assim como enquanto dinheiro de conta, o dinheiro adquire como moeda um *caráter local e político,* fala diferentes línguas *(Landessprachen)* e usa diferentes uniformes nacionais" *(idem* 45, p. 87; *idem* 42, p. 75; grifado por Marx).

Já os simples nomes monetários se afastam progressivamente do nome do peso (as razões principais são a introdução de dinheiro estrangeiro, a substituição da má moeda pela boa moeda – espécie de anti-lei de Gresham – e a falsificação)[121]: o nome monetário não indica

---

120. É com o estalão de preço que a contagem se separa da simples medida.
121. "Os nomes monetários dos pesos de metal se separam progressivamente dos seus nomes primitivos de peso, por diversas razões (...): 1. A introdução de dinheiro estrangeiro pelos povos menos desenvolvidos (...). Os nomes desse dinheiro estrangeiro são diferentes dos nomes de peso do país. 2. Com o desenvolvimento da

mais o *quantum* de peso a que deveria corresponder, mas um outro. Porém o nome monetário, por sua vez, se afasta também progressivamente do peso fixado convencionalmente como peso correspondente a esse nome. "As moedas de ouro se gastam (...) em seu curso, umas mais outras menos. Título de ouro e substância ouro, teor nominal e teor real começam o seu processo de separação. Moedas de ouro de mesmo nome passam a ter valor desigual, porque têm peso diferente. O ouro como meio de circulação se separa do ouro como estalão dos preços e com isso deixa também de ser equivalente efetivo das mercadorias, cujo preço ele realiza" (Marx 44, p. 139; *idem* 41, pp. 141-2). Esse processo cuja base é *natural* – o desgaste material das peças de moeda – se apresenta como uma espécie de processo *objetivo* de *"nominalização"* da moeda, no sentido de que os nomes monetários não exprimem mais a realidade monetária, ela mesma já liberada de uma inscrição imediata na nomenclatura dos pesos. Há assim uma "tendência natural *(naturwüchsig)* do processo de circulação a transformar o ser ouro *(Goldsein)* das moedas em aparência ouro *(Goldschein),* ou [em transformar] as moedas em um *símbolo (Symbol)* do seu teor metálico oficial" *(idem* 44, p. 139; *idem* 41, p. 142)[122]. Na circulação se

---

riqueza o metal menos nobre é expulso pelo mais nobre, da função de medida de valor (...) [o antigo nome monetário designará então um *quantum* de peso muito menor do novo metal, RF]. 3. A falsificação de dinheiro praticada durante séculos pelos príncipes (...)" (Marx 44, pp. 114-5; *idem* 41, pp. 112-3).
122. Cf.: "Quanto mais tempo circula a moeda para uma mesma velocidade de circulação, ou quanto mais ativa a sua circulação para um mesmo espaço de tempo, tanto mais se separa sua existência *(Dasein)* como moeda da sua existência como ouro ou prata. O que resta é *magni nominis umbra* [a sombra de um grande nome]. O corpo da moeda não é mais do que uma sombra. Se ela se tornara originalmente mais pesada através do processo [alusão ao processo de substituição do pior metal pelo melhor, RF], ela se torna agora mais leve através dele, mas continua a valer em cada venda ou compra individual como o *quantun* de ouro primitivo. Como Soberano-*aparência (Schein-Sovereign),* como ouro-aparência, o soberano continua a cumprir a função da peça de ouro legítima. Enquanto outros seres perdem o seu idealismo se atritando ao mundo exterior, a moeda [se] idealiza *(idealisiert)* através da prática, se transforma em mera existência aparente do seu corpo de ouro ou de prata". Esta é a "segunda idealização do dinheiro metálico [a primeira é a separação entre os nomes monetários e os nomes de pesos determinada por circunstâncias mais ou menos externas, RF] provocada pelo próprio processo de circulação (...)" *(idem* 45, p. 89; *idem* 42, p. 77; grifado por Marx).

opera um *processo objetivo de simbolização*. Ora, esse processo objetivo de simbolização induz uma simbolização "externa": "Se o próprio curso do dinheiro separa o teor real do teor nominal da moeda, sua existência metálica da sua existência funcional, ela contém assim de um modo latente a possibilidade de substituir o dinheiro metálico, na sua função de moeda, por fichas de outro material ou por símbolos" (Marx 44, p. 140; *idem* 41, p. 142)[123]. A substituição da *auto-simbolização pela simbolização* através de outro metal ou de puros símbolos (o valor da ficha é evanescente) aparece como uma exigência racional: "(...) nenhuma coisa pode ser o seu próprio símbolo" – lê-se na *Contribuição à crítica da economia política*. "Uvas pintadas não são símbolos de uvas reais, mas uvas aparentes. Menos ainda pode um soberano mais leve ser símbolo de um de peso pleno, como um cavalo emagrecido não pode ser símbolo de um cavalo gordo" *(idem* 45, p. 91; *idem* 42, p. 79). Observe-se que, na primeira forma do dinheiro, o significante é da mesma natureza que o significado: o dinheiro é valor, o dinheiro é mercadoria. Mas precisamente a relação não é de simbolização, mas de expressão reflexiva. Para exprimir o valor de uma mercadoria, o dinheiro deve ser valor e mercadoria (embora mercadoria "negada" em dinheiro). Mas, quando aparece uma função que é propriamente de representação e de simbolização, não pode mais haver promiscuidade entre o significante e o significado. A condição de bom funcionamento do símbolo (não do significante em geral) é a de ser diferente do simbolizado. O ouro deverá pois ser substituído por alguma coisa diferente dele, e a primeira dessas coisas são as moedas de prata ou de cobre: "Como (...) o ouro se torna símbolo de si mesmo, mas não pode servir como símbolo de si mesmo, ele recebe nos setores da circulação em que ele se gasta mais rapidamente, isto é, nos setores em que as compras e as vendas nas menores proporções se renovam constantemente, uma existência simbólica de prata ou de cobre separada de sua existência-ouro" *(idem* 45, p. 91; *idem* 42, p. 79)[124]. O teor de prata ou de cobre que deve conter cada peça de moeda não é dado pelo

---

123. Na sua origem a simbolização contida no papel-moeda não é assim convencional: "A nossa apresentação mostrou que a existência moeda do ouro como signo de valor separado da própria substância do ouro nasce do próprio processo de circulação, *não da convenção* ou da intervenção do Estado *(idem* 45, p. 95; *idem* 42, p. 83; grifo nosso).

valor da prata e do cobre relativamente ao ouro, "mas [é] fixado por lei de modo arbitrário" (Marx 45, p. 92; *idem* 42, p. 79). Entretanto, a prata e o cobre também se "idealizam". Eles se reduzem a "fantasmas" ainda mais rapidamente. A substituição deles por outros objetos de menor valor originaria um processo infinito. "Aparece assim o que estava na natureza da coisa, que elas [as fichas de prata ou cobre] são símbolos das moedas de ouro não porque são símbolos feitos de prata ou de ouro, não porque têm um valor, mas na medida em que *não têm nenhum valor" (idem* 45, p. 93; *idem* 42, p. 81; grifo nosso). "A existência moeda do ouro se separa plenamente da sua substância de valor. Coisas relativamente sem valor, pedaços de papel podem, portanto, funcionar no lugar dele como moeda. Nas fichas monetárias de metal o caráter puramente simbólico ainda está de certo modo oculto. No papel-moeda ele se evidencia de um modo visível. Vê-se: *ce n'est que le premier pas qui coûte" (idem* 44, pp. 140, 141; *idem* 41, p. 143)[125].

Passa-se assim de um processo de simbolização produzido na ordem objetiva (a forma do valor, o equivalente plenamente desenvolvido, ele próprio valor, sem ser símbolo, pela ação de um processo objetivo se faz *representar* por um símbolo), a uma simbolização determinada pelo Estado. Essa passagem marca uma mudança no caráter da simbolização. A primeira é de caráter *metonímico:* a parte representa o todo, depois certos metais representam outros metais. A segunda é *metafórica:* papéis ou fichas representam o metal. *A metonímia objetiva induz a metáfora não objetiva.* A substituição por uma parte de si mesmo, ou por uma espécie do mesmo gênero, dá lugar à substituição por um *outro* que assume as mesmas funções. Que significa esta nova convencionalização em relação à que se operava na figura anterior?

---

124. O ouro é substituído pela prata e pelo cobre na proporção em que – relativamente ao ouro global – ele habita essas regiões enquanto meio de circulação.
125. O primeiro passo é o processo *natural,* o desgaste, *no interior* do processo material-social. Considerando esta função do dinheiro, Platão faz da moeda "símbolo de troca" (ver *República,* II, 371b); e Aristóteles observa no mesmo sentido que o dinheiro se chama (...) *nómisma,* porque ele existe não por natureza mas em virtude da lei *(nómos,* também convenção, costume)" (Aristóteles, *Ética a Nicômaco,* V, 1133a 28 aprox.). Esses dois textos, assim como um texto da *Política* de Aristóteles (I, 1256b), são citados por Marx na *Contribuição* (Marx 45, p. 96, n. ** e n. ***; *idem* 42, p. 84, n. 2 e n. 3).

Como vimos a convencionalização no momento anterior residia no fato de que o dinheiro ganhava novas denominações, e se pode dizer denominações artificiais, tanto qualitativa como quantitativamente: 100 gramas de ouro se chamarão por exemplo "1 libra esterlina". Vimos também que essa nova denominação duplicava a linguagem críptica, pois já havia uma linguagem enigmática aquém de toda expressão convencional. A convencionalização se dava assim no nível das *denominações*. Se se considerar o dinheiro como um significado, ela se dava no nível do significante, se o considerarmos como um significante (ele é as duas coisas), a convencionalização se dava no nível do significante do significante (do nome do significante). O processo de convencionalização se faz agora num outro plano. Se considerarmos o dinheiro como significante, o que se altera é o próprio *significante,* não o nome do significante (não o significante do significante). Se tomarmos o dinheiro como significado, o que se altera e convencionaliza não é o significante mas o *próprio significado*. Dessa última perspectiva, o processo de convencionalização na segunda forma seria não produção de um novo significante para um mesmo significado, mas pelo contrário a criação de um novo significado para um mesmo significante. Ele inverte o processo anterior.

A possibilidade geral da substituição é dada pela função que tem aqui o dinheiro. "A apresentação autônoma do valor de troca da mercadoria é aqui só um momento efêmero *(flüchtiges)*. Ela [a representação autônoma, isto é, o dinheiro, RF] é imediatamente substituída por outra mercadoria. Por isso basta também a existência puramente simbólica do dinheiro, que o afasta constantemente de uma mão para [colocá-lo em] outra. *A sua existência (Dasein) funcional absorve por assim dizer a sua existência material*. Reflexo evanescente objetivado dos preços das mercadorias, ele funciona só como símbolo de si mesmo e por isso pode ser substituído por símbolos" (Marx 44, p. 143; *idem* 41, pp. 145-6; grifo nosso)[126]. O papel-moeda é assim a *encarnação* de uma função do dinheiro. Essa função não é executada constantemente

---

126. Cf. a *Contribuição*...: "(...) na medida em que ele funciona só como moeda ou se acha constantemente em curso, o ouro representa *(darstellt)* na realidade só o encadeamento das metamorfoses das mercadorias e o *ser-dinheiro* apenas *evanescente* das mercadorias *(ihr nur verschwindendes Geldsein),* ele só realiza o preço de uma mercadoria, para realizar o da outra, porém não aparece em lugar

por cada peça de moeda, porque cada peça entra e sai da circulação. Mas há sempre peças em circulação[127], e o número de peças em circulação não desce aquém de um certo limite. Se, portanto, a mesma peça não está sempre em circulação, há sempre a-peça-em-circulação (ou as-peças-em-circulação), embora a encarnação material desse objeto (desses objetos) seja sempre outro. O papel-moeda substitui de fato as-peças-em-circulação: "Pergunta-se finalmente por que o ouro pode ser substituído por meros signos de si mesmo sem valor? Mas como vimos, ele só é substituível, na medida em que é isolado ou autonomizado na sua função de moeda ou de meio de circulação. (...) a autonomização dessa função não ocorre (...) para as moedas de ouro individuais, embora ela apareça nas peças de ouro desgastadas que continuam a circular (...). Mas o que não vale para a moeda de ouro individual, vale para a massa mínima de ouro substituível pelo dinheiro-papel. Ela (...) funciona continuamente como meio de circulação e por isso existe exclusivamente como suporte dessa função. Seu movimento representa, portanto, só a contínua inter-inversão *(Ineinanderumschlagen)* dos processos opostos da metamorfose M-D-M, em que a mercadoria só encontra sua figura de valor, para desaparecer de novo imediatamente" (Marx 44, pp. 142-3; *idem* 41, p. 145)[128]. O movimento do dinheiro se separa do seu sujeito, o dinheiro. A moeda é precisamente esse movimento. A autonomia do movimento não é ainda, entretanto, a de um Sujeito movimento que fará do sujeito ou dos sujeitos originais, seus predicados e formas fenomenais. Quando a "moeda" – isto é, o processo – fizer do dinheiro o seu predicado, teremos a verdadeira autonomização do processo, que aqui está antes separado do que autonomizado. Porém já se anuncia a dialética da coisa e do movimento, do predicado movimento que independe do sujeito. Que essa independência se resolva na introdução forçada de signos sem valor induzida por uma simbolização objetiva, indica já os seus limites.

---

nenhum como existência em repouso do valor de troca ou ele mesmo como mercadoria em repouso. A realidade que o valor de troca (...) recebe nesse processo e que o ouro exprime (...) é só da centelha elétrica. Embora ele seja ouro efetivo, ele funciona só como ouro aparente e por isso pode ser substituído nessa função por signos de si mesmo" (Marx 45, p. 94; *idem* 42, p. 82; grifado por Marx).
127. Uma peça está em circulação enquanto ela realiza o movimento M-A-M.
128. Cf. as páginas anteriores a esse texto e *idem* 45, p. 93; *idem* 42, p. 81.

Se o estalão de preço introduz uma linguagem opaca que se inscreve na expressão já opaca do valor pelo valor de troca, o papel-moeda inverte todas as relações que se encontram no dinheiro, todas as leis que regem o dinheiro enquanto medida de valor e enquanto moeda de ouro em circulação. O papel-moeda, utilizando a expressão da *Fenomenologia do espírito* (Hegel 21, pp. 121 e ss.; *idem* 22, pp. 197 e ss.), é o mundo invertido *(die verkehrte Welt)*[129]. Assim, o valor do ouro em circulação é dado pelo trabalho cristalizado nele, seu valor de troca pela relação entre o trabalho cristalizado nele e o trabalho cristalizado nas mercadorias cujo valor ele mede. A quantidade de dinheiro em circulação para uma velocidade de circulação dada depende dessa relação. Se houver dinheiro demais em circulação relativamente ao valor das mercadorias (para uma velocidade dada), parte do dinheiro será expulso da circulação. Para o papel-moeda, pelo contrário, é a *quantidade dele* que determina o seu valor. Se houver papel-moeda de mais ou de menos relativamente ao ouro que ele substitui, o valor desses papéis se alterará: "A quantidade de bilhetes é, portanto, determinada pela quantidade do dinheiro de ouro que eles representam na circulação, e como eles só são signos de valor, na medida em que eles a representam, o seu valor é determinado simplesmente pela sua *quantidade*. Portanto, enquanto a quantidade do ouro em circulação depende dos preços das mercadorias, o valor dos bilhetes em circulação depende pelo contrário exclusivamente da sua própria quantidade" (Marx 45, p. 98; *idem* 42, pp. 85-6; grifado por Marx). O resultado é a *inversão* de todas as relações: "Na circulação dos signos de valor todas as leis da circulação efetiva de dinheiro aparecem *invertidas e de cabeça para baixo*. Enquanto o ouro circula porque tem valor, o papel tem valor porque circula. Enquanto, dado o valor de troca das mercadorias, a quantidade do ouro em circulação depende do seu próprio valor, o valor do papel depende da sua quantidade em circulação. Enquanto a quan-

---

129. A forma do valor e o dinheiro não constituem ainda o mundo invertido. Eles vão só até a expressão de um oposto pelo outro. Tem-se aí a forma exposta através da matéria. Tudo se passa como se até as leis fossem apenas transpostas num outro registro, que se trata sem dúvida de *decifrar*. Com o signo de valor (entenda-se, com o significante que não é mais da mesma ordem que o significado e é apenas seu representante) se tem propriamente a inversão das leis: elas se exprimem através de um *outro conteúdo*.

tidade do ouro em circulação aumenta ou diminui com o aumento ou a diminuição dos preços das mercadorias, os preços das mercadorias parecem aumentar ou diminuir com a mudança da quantidade de papel em circulação. (...) Enquanto a moeda de ouro visivelmente só representa o valor das mercadorias na medida em que este é avaliado em ouro e apresentado como preço, o signo de valor parece representar imediatamente o valor das mercadorias" (Marx 45, pp. 100-1; *idem* 42, p. 88)[130].

Existe certa dificuldade para entender a circulação do dinheiro em relação à sua função de medida de valor. É que, como medida de valor, o ouro não precisava estar presente, e entretanto a função exigia que se tratasse de dinheiro em ouro. A presença é aí só "representada" *(vorgestellte),* e entretanto o *objeto representado não pode ser simbólico*. Na segunda função é o contrário. A presença não pode ser representada, tem de ser efetiva, mas essa efetividade *pode ser simbólica,* e não imediata. É como se houvesse um jogo entre os dois sentidos de "representar". "Representar" como "pensar" (primeira função) e "representar" como "se apresentar através de um outro" (segunda função). As duas determinações se alternam. "A dificuldade [que oferece] a compreensão dessa relação nasce por isso do fato de que o dinheiro nas duas funções, [a saber] como medida dos valores e como meio de circulação, está submetido não só a leis inversas, mas a leis que aparentemente *contrariam a oposição entre as duas funções.* Para a sua função como medida dos valores, na qual o dinheiro serve só como dinheiro de conta e o ouro só como ouro ideal, *tudo depende do material natural.* (...) Inversamente na sua função de meio de circulação, função em que o dinheiro não é só representado, mas deve estar presente como uma coisa efetiva junto das outras mercadorias, *o seu material se torna indiferente,* ao mesmo tempo que tudo depende da sua

---

130. O texto conclui assim: "Por isso fica claro por que observadores que estudaram unilateralmente os fenômenos da circulação do dinheiro, [fixando-se] na circulação do papel-moeda com curso forçado, tinham de desconhecer todas as leis imanentes da circulação do dinheiro. Na realidade, essas leis não só aparecem invertidas na circulação dos signos de valor, mas abolidas *(ausgelöscht)* (...)." [O] movimento *próprio* do [papel-moeda], em vez de provir diretamente da metamorfose das mercadorias, decorre da *transgressão (Verletzung)* da sua proporção correta para com o ouro" (grifo nosso).

quantidade. (...) *Contradiz* (...) *o senso comum (dem gemeinen Menschenverstand)* que para dinheiro *pensado* tudo dependa da sua *substância*, e que para a moeda *existente* em forma sensível tudo dependa da sua relação *ideal* numérica" (Marx 45, pp. 99, 100; *idem* 42, p. 87; grifo nosso).

III – A TERCEIRA FORMA DO DINHEIRO: O DINHEIRO COMO DINHEIRO

A terceira forma do dinheiro está constituída por três subformas, que preenchem funções diferentes. Mas nas três subformas se tem o *dinheiro enquanto dinheiro*. Por "dinheiro enquanto dinheiro" e posição do dinheiro enquanto dinheiro, entende-se uma forma em que o dinheiro se *autonomiza, seja* porque ele se imobiliza e não encontra a mercadoria, *seja* porque ele – embora circule – *enquanto circula* não faz circular a mercadoria (a sua circulação não coincide com a da mercadoria), *seja* porque ele próprio aparece como mercadoria absoluta (embora se troque ou possa se trocar pela mercadoria). Na primeira e na terceira subformas ele reúne os dois lados positivos das formas anteriores. Vimos que na primeira forma o dinheiro é ideal, embora não possa ser representado por um símbolo, e que na segunda ele tem de ser real, embora possa ser simbolizado. Na primeira e na terceira subformas do dinheiro como dinheiro, o dinheiro deve ser real (como na segunda forma, a qual exclui a simples idealidade), mas ao mesmo tempo ele deve se apresentar "em pessoa" (como na primeira forma, a qual exclui a simbolização). Na segunda subforma, a figura simbólica é admissível (quanto ao par idealidade/realidade, exige-se uma sucessão temporal das duas figuras).

"A mercadoria, que funciona como medida de valor e por isso também corporeamente *(leiblich)* ou através de representante, como meio de circulação, *é dinheiro*. O ouro (ou, então, a prata) é, por isso, dinheiro. *Enquanto dinheiro,* ele funciona *por um lado* [lá] onde ele deve aparecer na sua corporeidade de ouro (ou, então, de prata), [e] por isso como mercadoria dinheiro, portanto *nem de um modo puramente ideal (ideell)* como medida de valor, *nem [como] sendo capaz de ser representado,* como meio de circulação; *por outro lado,* [lá] onde a sua função, *que ela seja executada em pessoa ou através de representante,* o fixe como figura exclusiva ou única existência *(Dasein)* adequada do valor de troca diante de todas as outras mercadorias enquanto meros

valores de uso" (Marx 44, pp. 143-4; *idem* 41, p. 146; grifo nosso)[131].
A frase inicial "A mercadoria (...) é dinheiro" remete a uma sucessão de momentos que termina pela *plena reflexão* da mercadoria no dinheiro; ou, mais precisamente pela reflexão da mercadoria-dinheiro no dinheiro enquanto dinheiro (e, portanto, pela auto-reflexão do dinheiro), tem-se: a mercadoria-*dinheiro* é... medida de valor (dinheiro como medida de valor), é... meio de circulação (dinheiro como moeda), é... dinheiro enquanto dinheiro. O "por um lado" introduz a terceira subforma, o "por outro", as duas primeiras formas.

PRIMEIRA SUBFORMA DO DINHEIRO COMO DINHEIRO: O ENTESOURAMENTO

O movimento do dinheiro é como vimos um mau infinito. Com o tesouro, não se passa do mau infinito ao bom infinito, mas do mau infinito ao *repouso*. De resto, como veremos, nele reaparece o mau infinito.

"Ouro ou prata (...) imobilizado como dinheiro é *tesouro*" (*idem* 45, p. 105; *idem* 42, pp. 92-3; grifado por Marx). A transição do mau infinito (dinheiro como dinheiro) ao bom infinito (capital) se faz assim, em parte, pelo repouso. O devir se fixa num *Dasein* antes de se tornar devir-sujeito.

O movimento do dinheiro representava uma constante transformação do dinheiro em moeda e da moeda em dinheiro. O dinheiro se fluidificava em moeda – entenda-se "moeda" como igual a "forma fluida do dinheiro" – e se cristalizava de novo em dinheiro[132]. No dinheiro

---

131. "Uma mercadoria se torna (...) dinheiro enquanto unidade da medida de valor e do meio de circulação, *ou a unidade da medida de valor e do meio de circulação é o dinheiro*. Mas como uma tal unidade o ouro possui de novo existência autônoma e diferente do seu ser-aí nas duas funções. Como medida dos valores, ele é só dinheiro ideal e ouro ideal; como mero meio de circulação, ele é dinheiro simbólico e ouro simbólico; mas na sua simples corporeidade metálica *o ouro é dinheiro ou o dinheiro é ouro efetivamente real*" (Marx 45, p. 102; *idem* 42, p. 90; o segundo grifo é nosso). A efetividade do ouro remete aqui à sua dupla efetivação, como objeto *real* e como objeto *imediato*.
132. "Para que o dinheiro *(Geld)* como a moeda *(Münze)* flua constantemente, a moeda *(Münze)* deve se coagular constantemente em dinheiro *(Geld)*" (*idem* 45, p. 104; *idem* 42, p. 91).

enquanto meio de circulação se põe o momento do movimento. Com o tesouro, põe-se a interrupção do movimento: "[o ouro e a prata] como *não-meios de circulação se tornam dinheiro"* (Marx 45, p. 106; *idem* 42, p. 93; grifado por Marx)[133]. Esses dois pólos só se separam para o entesourador, não para o capitalista. Mas o entesourador tem alguma coisa em comum com o capitalista. Como o capitalista, o entesourador transforma o dinheiro de meio em fim, nas mãos dele o dinheiro não é mais *meio de* circulação, nem *medida* de valor, mas *dinheiro;* a finalidade passa da matéria à forma, ou a forma se torna conteúdo: "A metamorfose da mercadoria M-D ocorre visando *(um... willen)* a sua metamorfose; para transformá-la de riqueza natural particular em riqueza social universal. *Em vez da mudança material, [é] a mudança formal [que] se torna finalidade em si (Selbstzweck). De pura forma, o valor de troca se interverte em conteúdo do movimento"* (idem 45, p. 106; *idem* 42, p. 93; grifo nosso. Cf. *idem* 44, p. 144; *idem* 41, p. 147)[134]. Porém, diferentemente do capitalista, o entesourador impede "que a figura *exteriorizada (entäusserte Gestalt)* da mercadoria" funcione como sua figura absolutamente *alienada (absolut veräusserliche Gestalt)* ou como "forma dinheiro apenas evanescente" *(idem* 44, p. 144; *idem* 41, p. 147)[135]. Mas é "o processo de circulação" que garante a "eficácia constante do ouro como valor de troca" *(idem* 45, p. 105; *idem* 42, p. 93)[136]. E nesse sentido a solução do entesourador é

---

133. Porém o tesouro como dinheiro fora da circulação deve ser distinguido da reserva de moeda, "que constitui ela mesma uma parte integrante da quantidade total do dinheiro que se encontra sempre em circulação (...)" (Marx 45, p. 114; *idem* 42, p. 101).
134. No texto da *Contribuição,* observar a dialética da forma, da matéria e do conteúdo. Enquanto a matéria é fim em si, ele é o conteúdo diante da forma – forma se opõe então tanto a matéria como a conteúdo. Quando a forma se torna fim, ela passa a ser conteúdo, e o que era conteúdo (a matéria) passa a ser forma. A antiga forma não se opõe mais ao conteúdo, porque ela própria se tornou conteúdo. Mas de certo modo ela continua se opondo à matéria, mais precisamente à *forma material.*
135. A *Entäusserung* representa a reflexão da mercadoria, devir negado ou em potência que remete à lógica da essência. A *Veräusserung* corresponde ao devir efetivo, que pertence à lógica do ser.
136. O texto diz que "enquanto *tempo de trabalho objetivado* o ouro garante a sua própria grandeza de valor, e como ele é materialização do tempo de trabalho *universal,* o processo de circulação garante a sua eficácia constante como valor de troca" (grifado por Marx).

antinômica. Na *Contribuição*... a antinomia do entesourador está expressa nos seguintes termos: "Como riqueza, como mercadoria, a mercadoria só se conserva no interior do processo de circulação, e ela só se mantém nesse estado fluido enquanto se ossifica em prata e ouro. Ela permanece em fluxo como cristal do processo de circulação. Porém ouro e prata só se fixam eles mesmos como dinheiro, na medida em que ele não é meio de circulação (...). A retirada da mercadoria da circulação na forma do ouro é, portanto, o único meio de conservá-lo constantemente no interior da circulação" (Marx 45, p. 106; *idem* 42, p. 93). Que significa essa antinomia (e, aquém dessa pergunta, há mesmo aí uma antinomia)? Sob a forma que acabamos de indicar, a antinomia remete à idéia de que o entesourador visa (e ao mesmo tempo não visa) o capital. O ponto de partida é a idéia de que o entesourador quer a mercadoria como riqueza. Isto deveria significar que ele visa o dinheiro. Porém não se passa imediatamente à idéia do dinheiro. Ele visa a mercadoria no interior do processo de circulação porque só aí ela se conserva como valor de troca. Entenda-se, só permanecendo aí, ela não passa à esfera do consumo. Mas se se introduz essa mediação é porque se supõe que o entesourador visa o valor de troca na forma do movimento (e assim ele visa o capital). Porém a "forma do movimento" (se se abstrair o Sujeito capital) é evanescente (e assim ele não visa o capital) e só pode existir na forma do dinheiro[137] que habita a "região" do movimento. Porém o dinheiro só se efetiva se desrealizando e só se realiza se "desefetivando" e isto já nos limites mesmos da circulação simples. Este é o sentido da alternância entre a presença representada (pensada) do objeto não simbólico (medida de valor), e da presença real do objeto (no limite) simbólico (meio de circulação). Sem dúvida no tesouro há presença real e não-simbolização, e o que se visa é o valor de troca enquanto valor de troca. Entretanto essa plena e dupla realização é "desrealização" no sentido de que se perde a potência que tem o dinheiro enquanto objeto em circulação. Assim a antinomia só é pensável sob essa forma se introduzir a sombra do capital, mas isto parece tão justificável – como uma fenomenologia do entesourador – como a presença-ausente do valor no pensamento de Aristóteles (ver,

---

137. No interior do movimento do capital enquanto capital, mesmo a mercadoria é dinheiro.

sobre este ponto, Fausto 14, pp. 89-138). Em termos dialéticos, é como se o entesourador evitasse o mau infinito do dinheiro através do repouso, em vez de operar uma passagem do mau infinito ao bom infinito. Tentando corrigir o que há de "negativo" no movimento, ele elimina o próprio movimento. Também se poderia dizer que ele separa o infinito do finito, ele fixa o infinito (o valor de troca) e elimina o finito (o valor de uso), com o que o infinito se torna antinômico: "Trata-se [para o entesourador] só da riqueza na sua forma social, e por isso ele a enterra [pondo-a] ao abrigo da sociedade. Ele deseja a mercadoria na sua forma constantemente capaz de circulação, por isso ele a retira da circulação. Ele se entusiasma *(schwärmt)* pelo valor de troca, por isso não troca. A forma fluida da riqueza e a sua petrificação *(Petrefakt)*, o elixir da [longa] vida e a pedra filosofal se entremesclam como fantasmas numa louca alquimia *(spuken alchimistisch toll durcheinander)"* (Marx 45, p. 111; *idem* 42, p. 98). Mas a antinomia em relação ao valor de troca pode ser pensada também como antinomia em relação aos valores de uso, isto é, relativamente às necessidades e ao gozo. É que se o valor de troca é o oposto do valor de uso, ele é também a unidade de todos os valores de uso, a mercadoria universalizada. Se antes o puro valor de troca excluía a troca, agora a universalidade dos gozos e das necessidades exclui gozo e necessidade. No fundo o que se tem aí é que a pura troca acaba implicando um certo gozo (o do objeto dinheiro), e a busca de um gozo universal (mas singularizado num *objeto*) implica a renúncia a todo gozo. O puro infinito passa no finito, assim como a pura finitude passa no infinito. O entesourador aparece assim tanto como aquele que renunciou ao gozo, como aquele que tem um só gozo. "Na sua busca imaginária e desmedida do gozo ele renuncia a todo gozo. Porque ele quer satisfazer a todas as necessidades *(Bedürfnisse)* sociais, ele mal satisfaz às necessidades elementares *(Notdurft)*. Retendo a riqueza na sua corporalidade metálica, ele a volatiliza como simples quimera" *(id., ibid.)*. "O nosso entesourador aparece como mártir do valor de troca, asceta santo [instalado] no topo da coluna de metal" *(id., ibid.)*.

Até aqui é antes a busca decisória do gozo ou a renúncia ao gozo que aparecem. Em outros textos aflora, pelo menos, a idéia de que se trata antes de um gozo perverso: "A apropriação da riqueza na sua forma geral determina *(bedingt)* pois a renúncia à riqueza na sua efetividade material. A pulsão viva *(lebendige Trieb)* do entesourador é por isso a *avareza* para a qual *a necessidade não é a mercadoria como valor de uso, mas o valor de troca como mercadoria"* (Marx 45, p. 106; *idem* 42, p. 94; Marx grifou "avareza").

Porém "a economia *(Sparsamkeit)*" é só "a condição negativa do entesourador", "a aplicação ao trabalho *(Arbeitsamkeit)* é a condição positiva"*(idem* 45, p. 106; *idem* 41, p. 94). Isto configura o entesourador como protestante e em particular como puritano: "De resto, o entesourador, na medida em que o seu ascetismo está ligado a uma aplicação ativa ao trabalho *(tatkräftige Arbeitsamkeit)* é [em matéria] de religião essencialmente protestante e mais ainda puritano" *(idem* 45, p. 108; *idem* 42, p. 95)[138].

Diante da atividade do capitalista, o entesouramento aparece como atividade do louco[139] – o que introduz em certo sentido o gozo perverso, e ao mesmo tempo como prática "bárbara", o que corresponde em certa medida à renúncia ao gozo[140].

Se a riqueza do entesourador é riqueza em repouso porque exterior à circulação, ela é riqueza que aumenta constantemente. Nesse sentido, não se passa do mau infinito ao repouso, mas de uma forma de mau infinito a uma outra forma de mau infinito. Marx descreve essa má infinitude do entesourador como contradição entre a infinitude qualitativa do dinheiro e a sua finitude quantitativa. Esse mau infinito não é, rigorosamente, o mau infinito da quantidade (nem o da qualidade), mas o mau infinito da *medida,* exatamente porque nele se reúnem quantidade e qualidade. O texto merece ser citado *in extenso:* "O dinheiro ou o

---

138. Numa outra passagem, Marx escreve que o "entesourador despreza os gozos seculares, temporais e efêmeros na busca do tesouro eterno (...) [que é ao mesmo tempo] *totalmente celeste e totalmente terrestre"* (Marx 45, p. 107; *idem* 42, p. 94; grifo nosso). A observar a propósito destes textos "weberianos" de Marx, que aqui se liga o protestantismo (mais precisamente o puritano) à figura do *entesourador.* No texto sobre o fetichismo do cap. I, o protestantismo (como também o deísmo, mas não há lá referência específica ao puritanismo) é vinculado à produção *capitalista* (cf. *idem* 44, p. 93; *idem* 41, pp. 90-1).
139. Marx cita um texto da *História natural (idem* 45, p. 110, n.; *idem* 42, p. 97, n.) em que Plínio afirma que "a sede de ouro" de que resulta a avareza "é uma espécie de loucura" *(Tollheit).*
140. "(...) a acumulação de dinheiro pelo dinheiro é a *forma bárbara* da produção pela produção, isto é [do] desenvolvimento das forças produtivas do trabalho social para além dos limites das necessidades tradicionais" *(idem* 45, p. 111; *idem* 42, p. 98; grifo nosso).

valor de troca autonomizado é, segundo a sua qualidade, existência *(Dasein,* ser aí) da riqueza abstrata, mas por outro lado cada soma dada de dinheiro é grandeza de valor quantitativamente limitada. O limite quantitativo do valor de troca *contradiz* a sua universalidade qualitativa, e o entesourador ressente o limite *(Grenze)* como obstáculo *(Schranke)* que na realidade se interverte ao mesmo tempo em obstáculo qualitativo, ou [que] faz do tesouro mero representante limitado da riqueza material. (...) O movimento do valor de troca como valor de troca, como *autômato (Automat)* [cf. o capital, RF] só pode ser de modo geral o de ultrapassar o seu limite quantitativo. Mas, quando *(indem)* um limite quantitativo do tesouro é transgredido, cria-se um novo obstáculo que deve ser de novo suprimido. Não é um limite determinado do tesouro, que aparece como obstáculo, mas cada limite dele. O entesouramento não tem assim nenhum limite imanente, nenhuma *medida (Mass)* em si, mas é um processo sem fim que em cada um de seus resultados encontra um motivo *(Motiv)* para o seu início. Se só se aumenta o tesouro conservando-o, assim também só se conserva o tesouro aumentando-o" (Marx 45, pp. 109-10; *idem* 42, pp. 96-7; grifo nosso)[141]. Se na *Lógica* de Hegel o mau infinito qualitativo é o da antinomia, e o mau infinito quantitativo é o do *progresso* quantitativo ilimitado – o mau infinito da medida é o de processos quantitativos que levam a saltos qualitativos (no caso à possibilidade de adquirir tais ou quais mercadorias qualitativamente diferentes das mercadorias já adquiridas);

---

141. A última frase do texto significa que a natureza do objeto "tesouro" é de tal ordem que ela exige o seu aumento para que se possa dizer que ele se conserva (permitindo assim a inversão do enunciado evidente de que o aumento do tesouro exige a sua conservação). O texto aproxima ao máximo o tesouro do capital, sem entretanto efetuar a passagem, que é na realidade uma ruptura. O capital *porá em movimento* a contradição que o tesouro encerra. N'*O Capital* se lê, por sua vez: "O impulso *(Trieb)* de entesouramento é naturalmente *(von Natur)* desmedido *(Masslos)*. Qualitativamente ou segundo a sua forma o dinheiro é ilimitado *(schrankenlos,* sem obstáculo), isto é, [ele é] representante universal da riqueza material, porque [ele é] imediatamente convertível em cada mercadoria. Mas ao mesmo tempo cada soma de dinheiro efetiva é quantitativamente limitada, [e] por isso só [é] também meio de compra de efeito limitado *(beschränkter).* Essa *contradição* entre o limite *(Schranke)* quantitativo e a ausência qualitativa de limite *(der qualitativen Schrankenlosigkeit)* do dinheiro remete constantemente o entesourador ao trabalho de Sísifo da acumulação. Ocorre com ele o que ocorre com o conquistador do mundo, com cada terra nova ele conquista também uma nova fronteira *(Grenze,* limite)" (Marx 44, p. 147;

saltos qualitativos que inauguram por sua vez processos quantitativos, e assim por diante: "A infinidade *qualitativa*, tal como ela é no ser-aí, era a irrupção do infinito no finito, como *passagem imediata* e desaparecer do aquém no seu além. A *infinidade quantitativa*, pelo contrário, já é segundo a sua determinidade a *continuidade* do *quantum*, uma continuidade dele para além de si. O finito qualitativo *se torna (wird)* infinito; o finito quantitativo é o seu além em si mesmo e *remete para além de si*. Mas essa infinidade da especificação da medida *põe* tanto o qualitativo como o quantitativo como se *suprimindo (aufhebend)* um no outro (...)" (Hegel 28, p. 385; *idem* 26, p. 85; grifado por Hegel). "A relação qualitativa passa em relações simplesmente quantitativas, que não têm nenhuma unidade negativa e, portanto, não são relações qualitativas, a alteração *(Änderung)* que nelas intervém, não é uma alteração-de-qualidade. Porém inversamente esta exterioridade inicialmente indiferente da relação se torna de novo uma determinidade qualificante, *e assim por diante ao infinito*. Nesse sentido está presente a má infinidade do progresso infinito" *(idem* 30, p. 315; *idem* 23, p. 343; grifado por Hegel). O mau infinito da medida prepara a passagem à essência, o mau infinito do tesouro prepara a passagem ao capital que é fundamento sujeito, isto é fundamento (essência) e sujeito (conceito).

SEGUNDA SUBFORMA DO DINHEIRO COMO DINHEIRO: MEIO DE PAGAMENTO

A primeira subforma do dinheiro enquanto dinheiro se caracterizava pela ruptura do movimento através da *saída do dinheiro da circulação*. O dinheiro como tesouro sai da circulação, e é saindo da circulação que se torna fim em si, por antinômico que possa ser esse objetivo. Na segunda subforma do terceiro momento, haverá também ruptura do

---

Marx 41, p. 150; grifo nosso). A crítica que J. Elster tenta fazer de um texto análogo dos *Grundrisse* (Marx 43, p. 181; *idem* 46, I, pp. 210-1) – o autor fala a respeito de "prestidigitação conceitual" *(conceptual sleight of hand)* – é improcedente (Elster 10, p. 39). Marx não quer explicar com isso o nascimento do capitalismo e a rigor nem mesmo explicar "a emergência do motivo do reinvestimento no capitalismo inicial", ele mostra simplesmente como a tendência à acumulação está inscrita como possibilidade na natureza particular desse objeto (o dinheiro). Essa fenomenologia do objeto, enquanto fenomenologia do objeto, é perfeitamente rigorosa.

movimento, para o dinheiro mas *sem que o dinheiro saia da circulação*. "As duas formas em que o dinheiro se distinguia até aqui do meio de circulação eram a da moeda suspensa *(suspendierten Münzem)* e a do tesouro" (Marx 45, p. 115; idem 42, p. 101; grifado por Marx). A primeira exprime uma dispersão da compra em pequenas compras sucessivas *(idem* 45, p. 106; *idem* 42, p. 93). "O entesouramento repousava (...) simplesmente sobre o isolamento do ato M-D que não continuava em D-M, ou que era apenas o desenvolvimento autônomo da primeira metamorfose da mercadoria, o dinheiro, desenvolvido como existência exteriorizada *(entäusserte Dasein)* de todas as mercadorias em oposição ao meio de circulação como existência da mercadoria na sua forma sempre alienável *(veräussernden Form)*. Reserva de moeda e tesouro só eram dinheiro como não-meio de circulação *(Nichtzirkulationsmittel)* mas eles eram não-meio de circulação, só porque eles não circulavam. Na determinação em que consideramos agora o dinheiro, ele circula ou entra na circulação, mas *não na função de meio de circulação*. Como meio de circulação o dinheiro era sempre meio de compra, aqui ele atua como não-meio de compra *(Nichtkaufmittel)*" *(idem* 45, p. 115; *idem* 42, pp. 101-2; grifo nosso). O dinheiro será assim ainda "mercadoria absoluta, mas no interior da própria circulação, não fora dela como o tesouro" *(idem* 45, p. 118; *idem* 42, p. 105).

Até aqui, compra e venda coincidiam. Os dois atos que compõem essa operação assimétrica eram coincidentes. O que era compra de um lado era venda do outro. (Aquém da compra e venda, na troca, não só havia coincidência dos atos, mas a operação *enquanto operação* – isto não contradiz a assimetria da forma do valor – era simétrica). Com o dinheiro como meio de pagamento há uma situação em que o vendedor aliena a sua mercadoria, mas não recebe imediatamente o dinheiro, ou seja, o comprador recebe a mercadoria sem alienar imediatamente o dinheiro. Há uma compra *sem venda efetiva*, porque a venda fica suspensa no tempo[142]. Vejamos mais de perto o que isto significa para as funções do dinheiro. Até aqui, em M-D (primeira metamorfose de

---

142. "O processo vivo dessa oposição polar bilateral se cinde de novo na sua efetivação. O vendedor aliena *(veräussert)* efetivamente a mercadoria e [entretanto] por sua vez realiza *(realisiert)* inicialmente o seu próprio preço só *idealmente (ideell)*. Ele a vendeu pelo seu preço, o qual entretanto só será realizado num tempo ulterior fixado. O comprador compra como representante de *dinheiro futuro*, en-

M-D-M), o dinheiro era primeiro medida de valor, e depois circulava, sendo então meio de circulação e de compra. Quando o dinheiro funciona como meio de pagamento, na operação M-D, ele é também primeiro medida de valor e em seguida circula. Só que ele *funciona como meio de circulação* e de compra (na realidade meio *ideal*) *enquanto não circula,* isto é, enquanto parece ser simples medida de valor, e *deixa de ser meio de circulação* e de compra *quando circula.* "A mercadoria do vendedor circula, realiza o seu preço, mas só a título de direito privado *[in einem privatrechtlichen Titel]* sobre o dinheiro" (Marx 44, p. 150; *idem* 41, p. 154)[143]. "Embora [o dinheiro] só exista na promessa de dinheiro do comprador, ele efetiva a mudança de mão da mercadoria" *(idem* 44, p. 150; *idem* 41, p. 154). "(...) o dinheiro funciona aqui como meio de compra, embora ele só projete diante de si a sombra da sua existência futura. Na realidade, ele atrai a mercadoria do seu lugar, da mão do vendedor para a mão do comprador. Se venceu o prazo para a execução do contrato, o dinheiro entra em circulação, então ele troca de lugar e passa das mãos do antigo comprador às mãos do antigo vendedor. Mas ele não entra na circulação como meio de circulação ou meio de compra. *Ele funciona como tal antes de estar lá, e ele aparece depois que ele [já] deixou de funcionar como tal" (idem* 45, p. 118; *idem* 42, p. 104; grifo nosso). Assim, o dinheiro como meio de pagamento é meio de circulação sem circular (isto é, enquanto não circula). Ele está em ato na circulação quando não circula, e cessa de estar em ato enquanto meio de circulação – quando circula. O tesouro, pelo contrário, é simples potência de circular.

---

quanto o vendedor vende como possuidor de *mercadoria presente*. Do lado do vendedor a mercadoria como valor de uso é efetivamente alienada, sem ter sido realizada efetivamente enquanto preço; do lado do comprador o dinheiro é realizado efetivamente no valor de uso, sem ter sido efetivamente alienado como valor de troca (...)" (Marx 45, pp. 116, 117; *idem* 42, p. 103; grifo nosso. Cf. *idem* 44, p. 149; *idem* 41, pp. 152, 153).
143. Marx considera em outro lugar também o caso em que se transmite um *título de crédito* – o que *não* parece ocorrer aqui – em troca da mercadoria, portanto o caso do dinheiro de crédito. Ver *idem* 44, pp. 153, 154; *idem* 41, p. 157. Porém ele não considera necessária a circulação de um título. Com efeito, por exemplo, no aluguel de uma casa, a garantia não é dada por um título, mas pelo contrato de locação. De um modo geral, como se verá, o representante do dinheiro na função de meio de pagamento não é o título, mas o próprio devedor.

Esta função exige a *posição* do contrato. De fato, se quando a metamorfose M-D-M se efetua com o dinheiro como simples meio de circulação, a relação jurídica adere de certo modo à transação econômica de tal modo que o encontro de vontades é evanescente – para o dinheiro como meio de pagamento, a relação jurídica é momento *posto* do processo. "O valor de troca da mercadoria é avaliado no dinheiro como sua medida, mas como valor de troca medido *contratualmente* o preço não existe apenas na cabeça do vendedor, mas igualmente como *medida da obrigação* do comprador" (Marx 45, pp. 117-8; *idem* 42, p. 104; grifo nosso)[144]. A idealização do dinheiro inerente à função de medida de valor, a qual aqui é também idealização do meio de circulação, tem como contrapartida nessa circunstância a *realização* da relação jurídica. Até esse momento – poder-se-ia dizer – essa relação era *ideal* ou *representada*. Agora ela é posta no contrato, ou o contrato está posto. Com a função de meio de pagamento o dinheiro opera assim uma espécie de transgressão do domínio da circulação de mercadorias, porém não na direção da circulação do capital (embora ela a prepare) mas na direção do contrato: o dinheiro "se torna mercadoria universal *dos contratos*" *(idem* 44, p. 154; *idem* 41, p. 158; grifo nosso. Cf. *idem* 45, p. 120; *idem* 42, pp. 106-7). E se na segunda forma do dinheiro aparece uma simbolização na figura do papel-moeda – há uma analogia entre o meio de pagamento, segunda subforma da terceira forma, e a segunda forma, ambas momentos da reflexão exterior – aqui é o *próprio comprador* que simboliza o dinheiro: "Em vez do símbolo de valor [como] antes, aqui é o próprio comprador que representa simbolicamente o dinheiro. Mas se antes a *simbólica geral do signo de valor* suscitava a garantia e o curso forçado do Estado, a *simbólica pessoal* do comprador suscita contratos legalmente executórios entre possuidores de mercadorias" *(idem* 45, p. 117; *idem* 42, p. 103; grifo nosso). Se há uma *idealização* própria ao meio de pagamento, há também, pois, uma simbolização que lhe é própria. O dinheiro como meio de pagamento realiza à sua maneira a *exteriorização* do natural-social característica dos momentos intermediários (os "segundos momentos").

---

144. É claro que em nenhuma situação o preço existe só na cabeça do vendedor. Mas aqui a realidade do preço tem um sentido mais forte: ela é *posta* pelo contrato.

Que o comprador se torne o símbolo, significa que o "mártir" não é mais o próprio possuidor de mercadorias (da mercadoria universal), como na figura do entesourador, o mártir é agora o outro. Da *religião* do dinheiro – o entesourador despreza as mercadorias profanas e adora a Mercadoria (o dinheiro), que é Deus, ou melhor o Cristo ou o papa entre as mercadorias, o universal singular – se passa à *jurisprudência*. No plano das formas da subjetividade, vai-se da figura cômica do entesourador maníaco, à figura terrível do credor: "Vendedor e comprador se tornam credor e devedor. Se o possuidor de mercadorias como guardião do tesouro representava *(spielte)* uma figura *cômica,* ele se torna agora *terrível,* pois apreende não mais ele próprio, mas o seu próximo como ser-aí *(Dasein)* de uma soma determinada de dinheiro. De crente *(Gläubigen),* ele se torna credor *(Gläubiger);* da *religião,* ele cai na *jurisprudência*" (Marx 45, p. 117; idem 42, p. 104. Cf. idem 44, p. 149; idem 41, p. 153)[145].

Como na primeira subforma, mas por outras razões, o dinheiro se torna aqui um fim em si mesmo. No tesouro ele era fim porque a acumulação de valor substituía o consumo de valor de uso como finalidade. A primeira metamorfose da mercadoria não se prolongava na segunda. Aqui o dinheiro é fim não porque falta a segunda metamorfose, mas porque para o comprador *a segunda metamorfose precede a primeira*[146]: ele recebe o valor de uso produzido por outrem, antes de ter realizado em dinheiro o seu valor de uso. O dinheiro é fim no sentido de que ele fecha o processo. Mesmo se o contexto global posto é o do valor de uso como finalidade, agora será necessário vender não para comprar, mas para *pagar:* "O dinheiro não mediatiza mais o processo. Ele o fecha de forma autônoma, como existência absoluta do valor de troca ou mercadoria universal. O vendedor transformava mercadoria

---

145. "O caráter de credor ou devedor nasce aqui da circulação simples de mercadorias. (...) Trata-se (...) inicialmente de papéis igualmente efêmeros e desempenhados pelos mesmos agentes da circulação que os de vendedor e comprador. Entretanto, a oposição pelas suas próprias origens *(von Haus aus)* tem um ar menos agradável *(gemütlich)* e é capaz de uma maior cristalização". E isto mesmo fora da circulação de mercadorias. Dá-se o exemplo de Roma.
146. Do lado do vendedor se tem uma primeira metamorfose incompleta. Mas, como se trata de analisar as funções do dinheiro, é o lado do comprador que interessa e define a relação.

em dinheiro para satisfazer uma necessidade através do dinheiro, o entesourador para preservar a mercadoria na forma dinheiro, o comprador em débito para poder pagar. Se ele não pagar, seus bens serão objeto de venda forçada. A figura de valor da mercadoria, [o] dinheiro, se torna agora *fim em si (Selbstzweck)* da venda através de uma necessidade social que nasce das relações do próprio processo de circulação" (Marx 44, p. 150; *idem* 41, p. 154; grifo nosso. Cf. *idem* 45, p. 118; *idem* 42, p. 105)[147].

A função de meio de pagamento introduz assim um momento original na dialética do repouso e do movimento do dinheiro. Até aqui o dinheiro em repouso era *meio de circulação* apenas em *potência,* e o dinheiro em movimento *era meio de circulação* em *ato.* Agora a simples potência de fazer circular cabe ao movimento, enquanto o ato de fazer circular cabe ao repouso. Isto só é possível pela disjunção temporal entre compra e venda, e, portanto, por uma certa emergência e autonomia do tempo. Mas, como na subforma anterior, a simples potência de fazer (o outro) circular — se se quiser a *potência* da heteronomia — corresponde à realização do dinheiro como fim em si, ao *ato* da autonomia. Por outro lado, no interior propriamente da dialética do repouso surge a *reserva de meio de pagamento* — que sucede ao tesouro e à moeda suspensa, formas anteriores do "repouso". Nesse caso há homologia com as funções anteriores: o repouso corresponde à simples potência. Com o meio de pagamento surge também, como vimos, uma nova figura da dialética dos agentes, a de um agente que não é apenas suporte da mercadoria e do dinheiro, mas *símbolo* do dinheiro. Introduz-se aí uma nova "negação" dos agentes. A isto corresponde no plano da dialética objetiva, a *posição* do momento jurídico da relação do contrato. A contradição que contém o meio de pagamento, a de por um lado reduzir o dinheiro à pura evanescência no caso da compensação das dívidas, e por outro de fazer do dinheiro um pólo absoluto quando vence a dívida, e mais ainda na situação de crise (ver *idem* 44, pp. 151-2; *idem* 41, pp. 155-6; *idem* 45, pp. 122-3; *idem* 42, pp. 108-9;

---

147. "A transformação da mercadoria em dinheiro como ato final ou a *primeira metamorfose da mercadoria como fim* em si (*Selbstzweck*), que no entesouramento parecia *capricho* do possuidor de mercadorias, se tornou agora uma função econômica" (grifo nosso).

Fausto 12; *idem* 16; *idem* 13 – nós a discutimos no contexto de uma análise da crise). Digamos apenas que aí já estão dadas as condições que constituem a possibilidade abstrata da crise.

TERCEIRA SUBFORMA DO DINHEIRO COMO DINHEIRO: O DINHEIRO MUNDIAL

A terceira forma do dinheiro enquanto dinheiro é o dinheiro mundial. A articulação entre essa terceira subforma e as duas outras subformas deve ser entendida a partir da relação de todas elas para com a circulação. Na primeira o dinheiro se encontra fora da circulação, na segunda ele entra em determinado momento na circulação, mas só quando não circula serve como meio de circulação, na terceira ele quebra os limites nacionais da circulação. Na *Contribuição* o conjunto desses três movimentos é expresso nestes termos: "O ouro se torna dinheiro *(Geld)* na [sua] diferença para com a moeda *(Münze),* primeiro *se retirando da circulação* como tesouro, depois quando ele entra nela como não meio de circulação; mas finalmente ele *quebra as barreiras da circulação interna* para funcionar como equivalente universal no mundo das mercadorias" (Marx 45, p. 125; *idem* 42, p. 111; grifo nosso).

A terceira subforma do dinheiro enquanto dinheiro representa uma retomada – como negação da negação – da primeira forma, no sentido de que nela o dinheiro se desfaz das determinações que assumira na segunda (e já na primeira) forma, para existir de novo como barra de metal, ou pelo menos para tirar toda efetividade às formas que recebera: "Saindo da esfera da circulação interna o dinheiro se despoja de novo das formas locais que lá brotam, estalão dos preços, moeda, moeda divisionária e signo de valor, e cai de novo na forma primitiva de barras de metal precioso" *(idem* 44, p. 156; *idem* 41, p. 160). Ou como se lê na *Crítica:* "Assim como o metal bruto amorfo *(aes rude)* era a forma primitiva do meio de circulação e a forma moeda era primitivamente só o signo oficial do peso contido nas peças de metal, o metal precioso enquanto moeda mundial *(Weltmünze)* se desfaz de novo da figura e do cunho e cai de novo na forma indiferente de barras, ou se as moedas nacionais como os imperiais russos, os escudos mexicanos e os soberanos ingleses circulam no exterior, sua denominação *(Titel)* se torna indiferente e vale só o seu teor *(Gehalt)*" *(idem* 45, p. 125; *idem* 42, p. 111). E se os nomes de peso tinham dado lugar aos nomes de conta, agora estes são de novo substituídos pelos nomes de peso: "Assim como as medidas universais de peso dos metais preciosos serviam como medidas de valor primitivas, os nomes de conta do dinheiro, no interior do mercado mundial, se transformam de novo nos nomes de peso correspondentes" (Marx 45, p. 125; *idem* 42, p. 111). O dinheiro se desfaz assim das formas *quase*-convencionais para voltar para as formas *quase*-naturais (sempre no interior do social-natural). Esse movimento representa do ponto de vista lógico a passagem da reflexão exterior (que corresponde à realidade, *Realität,* e não *Wirklichkeit*) à *reflexão determinante*. As formas exteriores do dinheiro que são formas do *entendimento* se perdem de novo, e o dinheiro ganha um "modo de existência adequado ao seu conceito"[148].

Do ponto de vista da sua situação no espaço, a primeira forma era externa ou exterior, o dinheiro aparecia não no interior da comunidade, mas na esfera das relações intercomunitárias. Na segunda forma ele se interiorizará. A terceira (na sua terceira subforma) repõe o espaço "intercomunitário", mas universalizado: o espaço do mundo inteiro[149]. Se o dinheiro é a mercadoria universal diante das mercadorias particulares, o dinheiro mundial é o universal enquanto universal[150]. A terceira subforma da terceira forma engloba em geral as duas formas. As formas que vimos funcionar em escala nacional reaparecem, modificadas, no plano internacional. Ele é medida de valor *(idem* 44, p. 157; *idem* 41, p. 160), ele é também meio de compra (o que até aqui correspondia à segunda forma), mas ele "não é meio de circulação" *(idem* 45, p. 125; *idem* 42, p. 112). O que significa isto? Além de remeter ao fato de que

---

148. Marx 44, p. 156; *idem* 41, p. 160: *"Seine Daseinsweise wird seinem Begriff adäquat"* (grifo nosso).
149. "Como dinheiro internacional (...) os metais preciosos exercem de novo a função primitiva de meio de troca, a qual, como própria troca de mercadorias, surge não no interior das comunidades naturais *(naturwüchsig)* mas nos pontos de contato de comunidades diferentes (Marx 45, p. 125; *idem* 42, pp. 111-2).
150. Marx observa entretanto – analisando as condições do intercâmbio internacional do seu tempo – que no plano nacional subsiste um só equivalente (ouro ou prata), já que o metal menos precioso pode circular, mas só como símbolo do mais precioso – enquanto que no plano internacional subsistem os dois. A presença do ouro e da prata no plano internacional se explica pelo fato de que em certos países o dinheiro como medida de valor é o ouro, e em outros a prata *(idem* 45, p. 125; *idem* 42, p. 112; *idem* 44, p. 157; *idem* 41, p. 161).

o dinheiro como dinheiro mundial perde as suas formas locais e não pode se apresentar como papel-moeda (ele deve ser sempre suporte de valor de uso) – isto significa que o dinheiro enquanto dinheiro mundial não apareceria enquanto meio de circulação *necessário* como no plano nacional. O dinheiro só interviria quando se rompe o sistema internacional de trocas materiais: "O ouro e a prata servem como meio de compra internacional essencialmente quando o equilíbrio tradicional das trocas de matérias *(Stoffwechsel)* entre as diferentes nações é bruscamente perturbado" (Marx 44, p. 158; *idem* 41, p. 162). O dinheiro mundial é finalmente (o que corresponde propriamente à terceira forma, de que ele é a terceira subforma), "materialização social absoluta da riqueza em geral *(universal wealth)*" *(idem* 44, p. 157; *idem* 41, p. 162)[151]. Por outro lado, o dinheiro mundial é também a unidade das três subformas no interior da terceira forma. De fato, ele também se constitui como tesouro[152]. E ele é "meio de pagamento" universal[153]. O dinheiro mundial se apresenta assim como a unidade de todas as formas, e todas as subformas no interior da terceira forma, incluindo a forma e a subforma que ele mesmo representa. Nesse sentido, ele ocupa na dia-

---

151. "(...) [O ouro e a prata funcionam] como *materialização social absoluta da riqueza (absolut gesellschaftliche Materiatur der Reichtum):* [lá] onde não se trata nem de compra nem de pagamento, mas de transferência da riqueza de um país para outro, e onde essa transferência está excluída em forma de mercadoria ou pela conjuntura do mercado de mercadorias ou pela própria [natureza do] fim almejado" (Marx 44, p. 158; *idem* 41, p. 162; grifo nosso). Em nota, se dá como exemplos, os "subsídios", os empréstimos para a guerra etc.
152. Ver *idem* 44, pp. 158-60; *idem* 41, pp. 162-4; e também *idem* 45, pp. 126-7; *idem* 42, pp. 113-4. Assim, há uma dialética do "tesouro" que passa pela reserva de moeda, pela reserva de meios de pagamento, pelo tesouro enquanto tesouro (nacional), e pelo tesouro do dinheiro mundial. Nessas duas últimas formas, mas não nas outras ele deve se apresentar "corporeamente" como ouro e prata.
153. Ver Marx 44, p. 157; *idem* 41, p. 162. A *Contribuição à crítica* – ver *idem* 45, pp. 125-6; *idem* 42, p. 112 – apresenta a relação existente entre meio de compra e meio de pagamento no plano internacional como sendo inversa à que existe na circulação interna. No plano internacional, o dinheiro só emerge como meio de compra quando a troca é impossível, isto é quando a unidade (que é aqui a unidade imediata, simétrica entre "compra" e "venda") se rompe, e portanto quando ele funciona como meio de pagamento. Na circulação interna, o dinheiro só é meio de compra (entenda-se: meio de compra real) quando, pelo contrário, a unidade (que é aqui a unidade assimétrica entre compra e venda) não se rompe, isto é, quando ele não é meio de pagamento mas meio de circulação.

lética do dinheiro um lugar que é análogo ao que, na *Lógica,* ocupa a idéia absoluta.

Assim como há um fetichismo do ouro na circulação interna, há um fetichismo do ouro que circula internacionalmente. Mas o primeiro – salvo momentos particulares (crise monetária) – corresponde antes aos inícios do modo de produção capitalista, e no plano teórico ao espírito da economia pré-clássica. Porém o "efeito mágico" do ouro no mercado mundial "não se limita de modo algum aos anos de infância da sociedade burguesa" (Marx 45, p. 128; *idem* 42, p. 114)[154]. "Se (...) as nações de possuidores de mercadorias através de sua indústria universal *(allseitig)* e o seu tráfico mundial *(allgemeinen)* transformam o ouro em dinheiro adequado [elas fazem do ouro o dinheiro mundial RF], a indústria e o comércio lhes aparecem apenas como meio de retirar o dinheiro do mercado mundial na forma de ouro e prata" *(idem* 45, pp. 127, 128; *idem* 42, p. 114). Aqui o fetichismo do ouro se apresenta como astúcia da razão, no caso da "razão do sistema". A economia supersticiosa se inverte em – ou se torna meio da – economia *aufklärer:* "Assim como a química se desenvolveu por detrás dos alquimistas que queriam fazer ouro, assim, por trás [de atividade] dos possuidores de mercadorias que buscam a mercadoria na sua figura mágica seriam as fontes da indústria e do comércio mundias (...)" *(id., ibid.).*

A figura subjetiva que corresponde ao dinheiro mundial é a do *cosmopolita.* O caráter cosmopolita já adere à simples relação entre possuidores de mercadorias. "A mercadoria em si e para si está acima de toda barreira religiosa, política, nacional e lingüística. Sua *linguagem* geral é o preço, e sua comunidade é o dinheiro" *(idem* 45, p. 128; *idem* 42, p. 114; grifo nosso). Entretanto, "com o desenvolvimento do dinheiro mundial em oposição à moeda nacional, o cosmopolitismo do possuidor de mercadorias se desenvolve como *fé da razão prática* em *oposição* aos preconceitos hereditários [de natureza] religiosa, nacional ou outra, que entravam a troca de matérias *(Stoffwechsel)* entre os homens" *(idem* 45, p. 128; *idem* 42, pp. 114-5; grifo nosso). O cosmopolitismo que se enraíza no mercado mundial aparece assim, como a oposição *posta* diante dos preconceitos nacionais e religiosos. Entre-

---

154. Dá-se o exemplo da influência que teve sobre o mercado mundial "o descobrimento de novos países auríferos em meados do século XIX". A análise que se segue visa, pois, tanto o início do capitalismo, como o capitalismo do século XIX.

tanto, ele se revela também supersticioso, ainda que a sua superstição seja *esclarecida:* fé da razão prática. Poder-se-ia dizer que os preconceitos nacionais se resolvem na universalidade abstrata da razão prática, e que a fé nos deuses das religiões particulares se resolve na fé na existência de Deus como postulado da razão prática (o kantismo reaparecerá logo mais adiante, na figura da Terceira Crítica). O princípio nacional é de qualquer modo posto em xeque: "Como o mesmo ouro que desembarca na Inglaterra em forma de *eagles* americanas se torna soberano, três dias depois circula em Paris como napoleão, se encontra algumas semanas depois como ducado em Veneza, mas conserva sempre o mesmo valor, [-] torna-se claro para o possuidor de mercadorias que a nacionalidade *'is but the guinea's stamp'* (é apenas o cunho do guinéu)" (Marx 45, p. 128; *idem* 42, p. 115)[155].

Se o dinheiro como dinheiro, enquanto dinheiro mundial, corresponde objetivamente até certo ponto, no interior da dialética do dinheiro, à idéia absoluta na *Lógica* de Hegel, subjetivamente ele teria certa analogia com a idéia kantiana do sublime: "A *idéia sublime (erhabene Idee)* em que, para ele [o produtor de mercadorias como

---

155 Em nota a um texto de Montanari *(Della moneta,* 1683): "A conexão entre todos os povos se estende desse modo sobre todo o globo terrestre, de tal modo que quase se pode dizer que o mundo inteiro se transformou numa única cidade na qual reina uma feira permanente de todas as mercadorias, e na qual cada um, sentado na sua casa, pode obter e gozar através do dinheiro tudo aquilo que produziram não importa onde a terra, os animais e o suor humano. Maravilhosa invenção" (Marx 45, p. 128; *idem* 42, p. 115). "Nas ruas mais animadas de Londres as lojas se apertam umas contra as outras, e através dos seus olhos de vidro ocos se exibem todas as riquezas do mundo, xales indianos, *revolvers* americanos, porcelanas chinesas, espartilhos parisienses, pelúcias russas e especiarias tropicais, mas todas essas coisas que percorrem alegremente o mundo *(Weltlustig)* levam na testa etiquetas brancas fatais, em que estão gravadas cifras arábicas com os caracteres lacônicos, £, sh, d. [libra, schilling, pence]" *(idem* 45, p. 69; *idem* 42, p. 58). No seu *Tratado sobre a natureza humana,* Hume se serve dessa unificação do espaço pelo mercado mundial para ilustrar sua tese de que há uma espécie de privilégio do espaço em relação ao tempo no que se refere aos seus efeitos sobre a imaginação: "(...) ainda que tanto a distância no espaço como a distância no tempo tenham efeitos consideráveis sobre a imaginação, e através disto sobre a vontade e as paixões, entretanto as conseqüências de um distanciamento no espaço são muito inferiores aos de um distanciamento no tempo (...). Alguém que comercia com as Índias Ocidentais lhe dirá que ele não deixa de se preocupar com o que corre na Jamaica, ainda que poucos prolonguem sua visão do futuro até o ponto de temer acidentes muito remotos" (Hume 31, p. 476).

cosmopolita, RF], o mundo inteiro se resolve *(aufgeht)* é a idéia de um mercado – *o mercado mundial"* (Marx 45, p. 128; idem 42, p. 115; Marx grifa "mercado mundial"). Na realidade, a idéia de sublime em Kant tem como *ponto de partida* um fenômeno "cuja intuição suscita a idéia da infinidade [da natureza]" (Kant 33, p. 99; *idem* 32, p. 94) ou cuja força parece se impor "mesmo sobre a resistência daquilo que, ele mesmo, possui uma força" *(idem* 33, p. 105; *idem* 32, p. 98). Mas o sentimento do sublime é respeito pela nossa própria determinação *(Bestimmung),* respeito que nós testemunhamos ao objeto através de uma certa sub-repção (substituição do respeito pela idéia da humanidade em nós como sujeitos, pelo respeito pelo objeto) *(idem* 33, p. 102; *idem* 32, p. 96). Na "idéia sublime" do mercado mundial não se tem essa sub-repção. Há aí sem dúvida respeito "por aquilo diante do qual tudo é pequeno" *(idem* 33, p. 94; *idem* 32, p. 89), mas ela não remete a uma camada *primeira* e *fundante* cujo conteúdo é o respeito pela idéia de humanidade (no máximo – ver o texto citado de Montanari – a idéia do mercado é "sublimada" em admiração pela *invenção* humana). A idéia sublime (do mercado mundial) é antes de mais nada igual a ela mesma: *no interior do universo do capitalismo* ela é objetiva. Marx inverte assim a terceira *Crítica*. A contraprova disso, em Kant, no plano do conteúdo, é a passagem, no mesmo contexto, em que, a propósito do guerreiro, ele afirma que, sob certas condições, a guerra "tem alguma coisa de sublime", e a opõe aos períodos de longa paz, em que predomina "o puro *espírito mercantil*" associado "ao egoísmo vil, à covardia e à moleza" *(idem* 33, p. 109; *idem* 32, p. 101; grifo nosso). "Mercado" e "sublime" se excluem.

IV – CONCLUSÃO

Se o dinheiro é ao mesmo tempo uma mercadoria, a negação da mercadoria e a mercadoria universal, as três funções ou formas gerais do dinheiro refletem à sua maneira essas três características, que correspondem também à posição, à negação e à negação da negação. O primeiro momento (medida de valor) é o da (primeira) posição do dinheiro, momento em que ele se diferencia ainda muito imperfeitamente da mercadoria; o segundo momento (meio de circulação) é o da negação da mercadoria; o terceiro (sobretudo na sua subforma final) é o da negação da negação, o da volta à mercadoria: o dinheiro se torna mercadoria universal.

APÊNDICE

DIALÉTICA, ESTRUTURALISMO, PRÉ(PÓS)-ESTRUTURALISMO*

I – INTRODUÇÃO

AO tratar da forma do valor, do dinheiro e do fetichismo[1], vimos que Marx se serve de uma analogia – ou de analogias – que concernem à linguagem. Esse modelo lingüístico é constante, e de modo algum acidental. A pergunta se impõe: qual a relação que existe entre as analogias com a linguagem que encontramos em Marx e o modelo lingüístico que permeia as ciências do homem já antes do estruturalismo, e

---

* Uma versão anterior desse apêndice foi lida e comentada por Paulo Eduardo Arantes (filósofo, USP), Carlos Fausto (antropólogo, Museu Nacional), Fernando Haddad (economista, doutor em Filosofia, USP) e Leda Maria Paulani (economista, USP). Paulo Eduardo Arantes, nosso velho amigo e interlocutor, fez observações de ordem geral, que levamos em conta. Fernando Haddad e Leda Maria Paulani levantaram problemas a propósito da nossa leitura de Weber. Discutimo-las nas notas. As críticas e sugestões de Carlos Fausto (o texto se dirige principalmente aos antropólogos) foram tantas que, sem deixar de fazer as correções e modificações que ele sugere, abandonamos a idéia de incorporá-las na totalidade. Como, salvo erro, o crítico parece concordar com a linha geral desse apêndice, se houver interesse, fica no ar a possibilidade de um novo texto, muito mais amplo, que seria assinado tanto pelo antropólogo como por nós. A todos, os nossos agradecimentos. Sem responsabilidade.
1. Ver texto, principalmente pp. 51-2, 75-81, 95-6.

que tem o seu desenvolvimento mais característico na antropologia estrutural? A pergunta não é nova, mas vale a pena retomá-la em apêndice de um comentário d' *O Capital*. Veremos que ela nos conduz a uma problemática muito mais ampla, envolvendo a lógica das ciências do homem e a teoria da história. O nosso problema será inicialmente o da natureza da estrutura e do inconsciente na dialética e no estruturalismo. Mas, a partir daí, será também o das implicações da idéia de fantasmagoria social que está contida na resposta dialética, assim como – outra conseqüência da resposta dialética, só aparentemente contraditória – a da possibilidade de pensar o social como um análogo do juízo. Se a referência inicial será Lévi-Strauss, o desenvolvimento nos conduzirá a um confronto, positivo ou negativo, com Weber e com Mauss, e também, de volta ao estruturalismo, a uma análise da crítica de Mauss por Lévi-Strauss.

II – INCONSCIENTE DIALÉTICO, INCONSCIENTE ESTRUTURAL (MARX, LÉVI-STRAUSS)

Vimos que a referência à linguagem toma mais de uma forma em Marx[2], mas através das diferenças reconhece-se em grandes linhas uma mesma constelação. A articulação entre essência e aparência a que ela induz tem mais ou menos a seguinte forma: reconhecem-se três níveis, o da essência, o da aparência e o da essência-aparência, mas o terceiro é ele próprio, de certo modo, a essência. Esses três níveis se manifestam através de pensamentos e de linguagens diferentes, mas também através de ações. De um modo esquemático poder-se-ia dizer o seguinte: há um pensamento e uma linguagem da aparência, que exprimem a mercadoria como valor de uso e as trocas de mercadorias apenas como trocas de valores de uso. Existem um pensamento e uma linguagem da ciência, mas da "pura" ciência, e que pela sua própria pureza são também se não ilusórios, incompletos (pela sua "má" abstração). Esse pensamento e essa linguagem exprimem as mercadorias como valores, e as trocas de mercadorias como trocas de valores, mas – se podemos dizer assim – não exprimem *a expressão* desses valores. Em terceiro

---

2. Sobre as variações da analogia, ver sobretudo pp. 75-81.

lugar, há uma linguagem "das mercadorias", que exprime a igualdade dos valores *refletida nos valores de uso*. De certo modo, essa linguagem é a das *ações* dos agentes. É no que eles fazem e não no que eles pensam (e a rigor também não no que pensa a ciência, pelo menos enquanto ela não ultrapassa certo momento da apresentação) que se exprime a linguagem das mercadorias. Ela é a unidade da essência e da aparência, entenda-se, não a unidade realizada de uma e de outra, que será a efetividade, mas a unidade como reflexão da essência na aparência. Até aqui definimos essência e aparência, assim como a diversidade de linguagens, em termos da dualidade do abstrato e do concreto (como essência e aparência), e da reflexão do abstrato no concreto. Mas esse movimento se define também pela dualidade entre pessoas e coisas, e pelo jogo da reflexão de relações entre pessoas e relações entre coisas. Aqui existe o risco de introduzir uma leitura banal (que é a leitura corrente), risco que é agravado se ficarmos no momento da circulação simples, momento em que o capital *enquanto capital* ainda não está posto. Assim se diz que os agentes refletem relações pessoais em relações entre coisas. Mas o fato de que os agentes façam isso sem saber que o fazem indica que são as relações entre coisas que determinam as relações entre os agentes. Em outras palavras, poder-se-ia dizer que o que se tem são relações pessoais entre os agentes se refletindo em relações entre coisas. Mas se considerarmos que os agentes não sabem que estão "refletindo" (e se por "coisa" se entender não coisas naturais, mas coisas sociais), dir-se-á que na realidade são as relações entre coisas (as quais sem dúvida *pressupõem,* mas não põem, as ações dos agentes) que determinam as relações entre pessoas. Reencontra-se aqui evidentemente, expressa de um outro modo, a reflexão do abstrato no concreto.

Isso para dar um esquema que, resumindo o comentário, possa servir como ponto de partida. Há aí uma idéia de inconsciente social, e também da estrutura, ou melhor, do que seria o análogo da estrutura no interior da dialética (pelo menos nos limites da circulação simples), a partir do tema da linguagem das mercadorias.

O que separa isso tudo (o que significa também: o que aproxima) do universo do estruturalismo? Entre o inconsciente social, tal como o encontramos em Marx, e o inconsciente social do estruturalismo, há certamente coisas em comum. Não retomaremos aqui as referências a Marx e também a Engels, que são freqüentes na obra de Lévi-Strauss. Diga-se apenas que essas referências são judiciosas e nada têm de retóricas. Mas evidentemente não é esse o plano mais importante. Talvez se pudesse começar com uma citação extremamente expressiva do primeiro volume das *Mitológicas:* "Não pretendemos mostrar, portanto, como os homens se pensam nos mitos, mas como os mitos se pensam nos homens, e sem que estes o saibam *(à leur insu)*. E, talvez (...) convenha ir ainda mais longe, fazendo abstração de todo sujeito para considerar que, de certo modo, os mitos se pensam entre si" (Lévi-Strauss 36, p. 20). A semelhança com os textos de Marx é muito grande, o que dispensa novas citações. Os mitos se pensam nos homens, como a mercadoria fala através dos homens, e o capital se move, isto é, mais do que fala, age através de seus suportes ou portadores *(Träger)*. Em Lévi-Strauss como em Marx existe, pois, uma estrutura inconsciente (ou semiconsciente) que se impõe aos agentes, como uma instância coercitiva. Mas até onde vai o paralelismo? Na realidade, desde a primeira leitura, junto com a impressão de convergência tem-se uma intuição da diferença, mas uma intuição confusa. A determinação precisa da diferença oferece dificuldade. Talvez o melhor seja mesmo partir dos textos e, mais do que isto, partir dos exemplos nos textos. Tomemos o problema do casamento e do incesto, tal como é tratado nas *Estruturas elementares do parentesco*. O casamento é aparentemente um "ato unilateral de transferência e (...) uma instituição assimétrica" *(idem* 40, p. 151). *Aparentemente,* o grupo a que pertence a mulher cede unilateralmente esta última a um outro grupo. Na realidade, trata-se de um ato bilateral e de uma estrutura simétrica, porque o grupo que cede será em outro momento, e em condições definidas pelas particularidades da estrutura, o grupo receptor. À prestação corresponderá uma contraprestação, que restabelecerá o equilíbrio. Tomemos um outro exemplo. Do casamento e do incesto passemos às relações de parentesco. O exemplo, tirado de *Antropologia estrutural 1,* é bem conhecido. Entre os membros da sociedade A as relações entre pai e filho são livres e familiares, enquanto as relações entre tio materno e sobrinho são de tipo antagônico. Entre os membros da sociedade B, pelo contrário, as relações entre pai e filho são marcadas de hostilidade, ao passo que a relação tio materno e sobrinho são de simpatia. Até aí se tem uma simples inversão de relações. Mas sabe-se por outro lado que entre os primeiros as relações entre marido e mulher são de ternura e reciprocidade, mas irmão e irmã são separados com extremo rigor. Entre os últimos, é a relação entre irmão e irmã que é de ternura, e há todo um sistema de proibições que atinge as relações entre marido e mulher.

Há, assim, quatro tipos de relações: irmão/irmã, marido/mulher, pai/filho/tio materno/filho da irmã, e não apenas duas (ou mesmo uma), como parecia a princípio. A diferença dos valores das relações nos dois grupos permite construir a lei: "Os dois grupos (...) fornecem aplicações de uma lei que pode se formular assim: (...) a relação entre o tio materno está para a relação entre irmão e irmã como a relação de pai e filho está para a relação entre marido e mulher. De tal modo que, conhecendo um par de relações, será sempre possível deduzir o outro" (Lévi-Strauss 34, 1, p. 58)[3]. Veremos como a dialética se situa em relação a esse modelo teórico. Tomemos um terceiro exemplo que concerne aos mitos. Vamos expô-lo com algum detalhe. Entre os membros de um povo nativo da Colúmbia Britânica, há um mito em que uma ogra com forma humana rapta um menino, ou, em certas versões, uma menina (Lévi-Strauss privilegia esse segundo caso). A menina se liberta brandindo os sifões (trompas moles) dos clams (espécie de molusco) que a ogra pesca. Com isto ela obtém o tesouro da ogra, constituído por placas de cobre, peliças, peles curtidas, carne seca etc. Num outro grupo da mesma região mas do interior, tem-se um mito em que um menininho é raptado por Mocho. Para assustá-lo, o menino brande "como garra as suas mãos guarnecidas de cornos de cabras da montanha". Com isto, ele se apropria das "dentais (pequenos moluscos brancos univalvos, semelhantes a presas de elefante em miniatura)" *(idem* 39, p. 149). Reunindo os dois mitos, obtém-se um todo em que as duas subtotalidades contêm elementos inversos. No primeiro mito, um grupo que habita a costa utiliza como meio um elemento marinho para obter um tesouro, que é constituído de objetos terrestres. No segundo mito, habitantes do interior utilizam como meios objetos de origem terrestre para obter um tesouro que é de natureza marinha. Há ainda um paralelismo entre a forma dos sifões e a forma dos cornos de cabra[4].

---

3. Nos exemplos, têm-se em cada caso dois valores homogêneos (negativos ou positivos) diante de dois valores homogêneos inversos. Incorporando outros casos (varia também o caráter da sucessão, que pode ser matrilinear ou patrilinear) ter-se-ão valores heterogêneos (+ -, ou - +) de um lado, e de outro também valores heterogêneos mas inversos. De tal modo que a lei geral, entendida como constância da identidade ou da oposição entre os dois sistemas de relações, será sempre obedecida.
4. De resto, os dois objetos têm na vida de cada grupo uma função instrumental semelhante, mas em planos diferentes. Os sifões são elementos naturais do molusco que facilitam a apreensão do objeto no momento de ingeri-lo. Os cornos de cabra

O que se poderia tirar desses três exemplos, que fizemos questão de expor com algum detalhe? A primeira conclusão, evidente, é a de que em todos eles a estrutura se constrói através de um movimento de totalização. No plano da aparência, têm-se elementos isolados. Assim, o casamento parece um ato assimétrico. A relação entre tio materno e sobrinho parece existir isoladamente, ou só se relacionar, de modo inverso, com a relação pai/filho. O detalhe dos sifões dos clams aparece como um elemento inexplicável no interior do mito. Obtém-se a estrutura, descobrindo que esses elementos são na realidade peças de um todo: a prestação matrimonial é parte de uma totalidade que contém também uma contraprestação, a relação tio materno/sobrinho, eventualmente já integrada à relação com sinal inverso pai/filho, se revela como parte de um sistema de quatro termos incluindo a relação irmão/irmã e marido/mulher. Finalmente, no último exemplo, o sifão dos clams do primeiro mito passa a fazer parte de um todo, no qual o seu caráter de objeto marinho a serviço da realização de um fim "terrestre" tem como contrapartida (no segundo mito) a presença de um objeto terrestre, os cornos de cabra, como meio para obter um objeto marinho. Constitui-se assim uma estrutura em que os termos se dispõem de forma inversa[5].

Assim, a explicação estruturalista parece remeter sempre à constituição de totalidades, que revelam relações complexas, e que reduzem a simples aparência à dispersão dos elementos, ou à simplicidade inicial de suas relações. Essa estrutura se apresenta como um sistema de oposições que vale como lei inconsciente: "O inventário da mitologia americana (...) mostra que mitos, aparentemente muito diferentes, re-

---

servem também como instrumento no momento da ingestão, mas o instrumento é cultural: com ele, os indivíduos do segundo grupo fabricam colheres. Neste exemplo, não só se tem uma estrutura que reúne dois mitos enquanto tais, mas ainda, integrando a dimensão material, reconstitui-se uma relação de homologia entre os meios utilizados e as condições de vida de cada grupo. Essas homologias ajudam a explicitar o sentido dos mitos. A explicação se completa, pela introdução de elementos que se poderia chamar de ideológicos em sentido específico: o segundo grupo, que tem uma espécie de monopólio das "dentais" (as quais, obtidas das tribos da costa, são fornecidas aos outros grupos do interior), teria interesse em "mitificá-las", apresentando-as como se fossem autóctones.
5. Há também outras relações como a da utilidade idêntica de dois objetos, um natural e outro cultural, e da oposição de sexo entre os dois heróis.

sultam de um processo de transformação que obedece a certas regras de simetria e de inversão: os mitos se refletem uns nos outros segundo eixos cuja lista se poderá fazer. Para dar conta do fenômeno, é-se obrigado a postular que as operações mentais obedecem a *leis,* no sentido em que se fala de leis do mundo físico" (Lévi-Strauss 39, pp. 151-2; grifo nosso)⁶.

Comparemos tudo isto com o inconsciente dialético. Para facilitar a comparação, saímos dos limites da circulação simples, e consideramos o capital enquanto capital. Em certo sentido, o movimento que nos leva da aparência à essência é um movimento de totalização. Para o caso do capital, isto é bem evidente: cada operação de troca é parte de um todo que contém também uma operação inversa (D-M-D). (Num sentido mais fraco, isto é verdade também para qualquer operação nos limites da circulação simples: embora aqui a totalidade não esteja posta, ou não esteja posta como sujeito, M-D por exemplo, é elemento da totalidade M-D-M. Mas, se totalização existe, não somente o todo que se obtém não se confunde com a totalidade estruturalista (veremos por quê), mas, antes de mais nada, ao contrário do que acontece no universo estruturalista, *não é sobre a constituição de uma totalidade que repousa o peso da fundação.* A operação determinante (que deve ser pensada como objetiva, mas também para o estruturalismo ela é objetiva) é uma *redução.* Redução do nível concreto dos valores de uso ao nível abstrato dos valores, e que se prolonga, como vimos, na posição do abstrato no concreto, para o caso da circulação simples na reflexão do valor como valor de troca. A operação fundante (que é objetiva, insistimos) não é a constituição de uma estrutura global a partir de elementos dispersos ou de relações simples dados na aparência, mas a *pas-*

---

6. Cf. Lévi-Strauss 34, p. 58: "(...) os dois grupos (...) fornecem (...) aplicações de uma *lei"* (grifo nosso). A construção da estrutura supõe, sem dúvida. subjetiva e objetivamente, um sentido ou uma leitura do sentido. A partir daí, alguns críticos objetam que essa construção é um elemento segundo relativamente a uma constelação de sentido que só pode ser obtida através de um trabalho hermenêutico. É nessa direção que vão as observações críticas bem conhecidas de Ricoeur a propósito da antropologia estrutural (Ricoeur 50, pp. 31 e ss.). Mas se a construção da estrutura exige objetiva e subjetivamente um sentido ou uma leitura do sentido, não é evidente que esta seja *fundante* em relação à estrutura. De fato, a estrutura a supõe, mas esse supor pode não ser um fundar.

sagem do registro concreto da aparência ao registro abstrato ou abstrato e concreto da essência, como simples essência e como essência da aparência. Mas vejamos melhor o que isto significa, e em que medida nos ajuda a distinguir inconsciente dialético e inconsciente estrutural. Cremos que se poderia exprimir a diferença do seguinte modo: no interior do universo estruturalista, o movimento que vai da aparência à essência tem como ponto de partida alguma coisa que é o equivalente de uma *linguagem*[7], os mitos, as relações de parentesco como atitudes, as instituições matrimoniais como ações etc. E tem como ponto de chegada, que constitui a essência, certos *sistemas de relações*. Isto poderia ser dito também de outro modo. Os mitos são discursos e, como tais, efetivações particulares de uma língua (eles próprios se efetivam pelo discurso oral)[8], e nesse sentido são o análogo de uma linguagem. As instituições matrimoniais e os sistemas de parentesco se apresentam no plano da aparência como ações, e portanto também como análogos da palavra oral e de atos de palavra, que pertencem à linguagem, mas não à língua, conforme a distinção tradicional. Já a essência, enquanto sistema de relações, ela não é mais o análogo da palavra oral e da linguagem. Como sistema de regras e de relações, ela é antes o análogo da *língua* do que da linguagem[9]. No caso do discurso dialético, não se tem a mesma constelação. A relação entre aparência e essência não é a de uma linguagem ou a da palavra oral à língua, mas antes uma relação *de linguagem a linguagem*. Mesmo se podemos e devemos falar em leis subjacentes (e também, como vimos, podemos falar em totalização), o peso da fundação incide sobre uma *mudança de registro* (uma redução) que é ao mesmo tempo mais radical e menos radical do

---

7. Isto pode parecer contraditório com a análise que fizemos acima. É que lá já partíamos de relações (partíamos de uma língua, digamos). Se procedermos assim, iremos de relações a relações, de relações simples a um sistema de relações. Mas o ponto de chegada será sempre *um sistema de relações*.
8. Ver, a respeito, Lévi-Strauss 34, XI (principalmente pp. 230 e ss.). "Aproximar o mito da linguagem não resolve nada: o mito faz parte integrante da língua; é pelo discurso oral *(parole)* que ele é conhecido, ele pertence *(relève)* ao discurso" *(id., ibid.*, p. 238).
9. É claro que é através de uma linguagem que se expõe a natureza do mito, e é por aí que as *Mitológicas* dirão que o discurso estruturalista sobre o mito é também um mito. Mas o que seria mito é o discurso que diz a estrutura do mito, não a estrutura ela mesma.

que a passagem ou a construção estruturalista: menos radical, porque se vai de uma linguagem a uma linguagem e, nesse sentido, *do mesmo ao mesmo*[10]; mais radical, porque na base mesmo dessa identidade de natureza, têm-se dois discursos *opostos*[11], vai-se do mesmo a um outro que não é de diferença, mas de oposição. Assim, se no interior do universo estruturalista a passagem da aparência à essência é análoga a um movimento que vai de uma linguagem ou da palavra oral a uma língua (e portanto que vai do mesmo ao outro, ou da parte ao todo[12]), no universo dialético se trata de um movimento que vai de linguagem a linguagem e portanto de uma *redução* que vai do mesmo ao mesmo-outro, de oposto a oposto. Dessa diferença resulta o seguinte: se a essência, no universo estruturalista é um sistema de oposições que constitui uma lei, *a essência no universo dialético é ela mesma uma linguagem*[13]. A essência no universo dialético se apresenta, assim, em primeiro lugar, como um *fluxo,* precisamente aquilo que o estruturalismo sem-

---

10. Como vimos, isto poderia ser dito também, de certo modo, da análise estrutural, se supusermos que o ponto de partida já é a estrutura, mas como passagem de *língua a língua*, não de linguagem a linguagem.
11. Para o problema de saber em que sentido é rigoroso dizer que eles são opostos, ver o nosso texto "Abstração real e contradição: sobre o trabalho abstrato e o valor" (Fausto 14, pp. 89-138). Resumindo, um é o oposto do outro e portanto há tensão entre eles, porque um representa algo assim como uma outra espécie do mesmo gênero, mas ao mesmo tempo o *próprio gênero* (e nesse sentido uma "não"-espécie). Esta oposição – em sentido dialético rigoroso – falta ao discurso e ao universo estruturalistas.
12. A passagem é de parte a todo quando já se reduziu a aparência a uma relação.
13. Como observa Carlos Fausto – e esta nota é na realidade mais dele do que nossa –, o emprego que fazemos aqui da noção de linguagem rompe com o universo estruturalista. Sabe-se que para Saussure, cujo *Curso de lingüística geral* serviu de primeiro paradigma ao estruturalismo, a linguagem representa uma totalidade de que a língua é uma parte (Saussure 52, caps. III e IV). E o que no interior da linguagem excede a língua é a palavra oral (*parole*, fala), definida num dos manuscritos a partir dos quais se reconstituiu o *Curso...*, como "ato do indivíduo realizando a sua faculdade [de linguagem, RF] por meio da convenção social que é a língua" (*id., ibid.*, p. 419, n. 63). Mas, ao dizer que no universo da dialética a essência remete mais a uma linguagem do que a uma língua, não visamos nem a linguagem como totalidade, de que a língua é parte, nem ao excedente da linguagem sobre a língua que é a palavra oral, concebida como conjunto de atos de linguagem. "Linguagem" visa aqui um *fluxo de significações* em oposição a um sistema de relações, o qual, bem entendido, não exclui toda dinâmica, mas exclui precisamente a idéia de fluxo.

pre recusou como objeto[14]. E, como a noção de "linguagem" denota aqui um fluxo de significações, ela remete à noção de *juízo*[15]. É no interior da dialética e não no discurso estrutural que a essência do social aparece como um *juízo*. Se o social é um análogo do juízo, de que juízo se trata? Mas antes de avançar nessa direção, seria preciso estudar as implicações gerais dessa duplicação de linguagens que a dialética encontra no social. Que a essência seja ela mesma uma linguagem e um fluxo, significa que se supõe que *o social constitui uma espécie de mundo sobre-natural que "duplica" o mundo natural*. Essa duplicação é característica de uma época da história da humanidade, ou mais precisamente de um modo de produção.

Até aqui comparamos um inconsciente não dialético construído a partir do estudo das sociedades primitivas, com um inconsciente dialético que se encontraria nas sociedades capitalistas. Em seguida, consideraremos por um lado um universo teórico que tem no capitalismo um objeto se não privilegiado pelo menos muito importante, mas em que não aparece um inconsciente dialético (ou não aparece em geral nenhum inconsciente), e por outro estudaremos as possibilidades de reconstruir um inconsciente do tipo dialético a propósito das sociedades primitivas. Os parágrafos seguintes desenvolverão sucessivamente esses dois pontos. Se até aqui tratou-se principalmente de Marx e Lévi-Strauss, o que segue tratará, mesmo se brevemente, da relação (ou de um aspecto da relação) Marx/Weber, e da posição que poderia ocupar a dialética no contexto da crítica de Lévi-Strauss a Mauss.

III – ENCANTAMENTO E DESENCANTAMENTO DO MUNDO (MAX WEBER, MARX)

De um modo oposto aos dois modelos teóricos que examinamos anteriormente, Max Weber faz da ação o objeto social por excelência (embora para ele nem toda ação seja social): "(...) [o] objeto específico [da sociologia compreensiva] não consiste em qualquer 'disposição interior' ou comportamento externo, mas na atividade *(Handeln)*"

---

14. Já dissemos, o estruturalismo não exclui o *dinâmico*, mas isso é outra coisa.
15. Também à noção de "raciocínio", mas, nos limites deste apêndice, pode-se ficar por aí.

(Weber 59, p. 429; *idem* 56, p. 305; grifado pelo autor). "(...) tanto a sociologia como a história fazem acima de tudo interpretações de caráter 'pragmático', a partir de encadeamentos compreensíveis da atividade" *(id., ibid.).* A ação pode ser coletiva, mas toda ação coletiva é de direito redutível a uma pluralidade de ações individuais. Para Weber, é um "fato elementar" "que a realidade *(Realität)* só convém ao concreto, ao individual *(Individuel)" (id., ibid.,* p. 225). "Para nós, não pode haver atividade *(Handeln)* no sentido de uma orientação significativamente compreensível do comportamento próprio, senão sob a forma de um comportamento de uma ou várias pessoas *singulares (einzelnen)" (idem* 60, Vol. I, p. 6; *idem* 55, p. 11; grifado por Weber). O que existe para além da realidade constituída pelas ações singulares? Há por um lado as regras sociais, cujo estatuto ontológico é problemático, e que de qualquer forma não são o objeto da sociologia, mas da ciência jurídica. Por outro lado, a partir das ações como realidades que em última instância remetem sempre ao singular, pode-se e deve-se construir os tipos ideais. Mas os tipos ideais não são estruturas objetivas, e isto porque nem são estruturas nem têm objetividade. Os tipos ideais não "desdobram" a realidade como as regras de uma língua, à maneira do estruturalismo, ou como uma segunda linguagem, à maneira da dialética. Elas são a forma pura ou purificada do real. Se a referência a Newton se encontra, salvo erro em Lévi-Strauss, em Marx e em Weber, é em Weber[16] que a comparação é mais rigorosa: os tipos ideais são formas puras do real, à maneira das determinações newtonianas. E se por um lado, dadas as suas características internas, os tipos ideais não são assim estruturas, por outro lado eles são considerados como construções subjetivas que não representam mais do que *instrumentos* da ciência.

Sem dúvida, Max Weber reconhece de certo modo a "cristalização" do social. O agrupamento *(Verband)* e em particular o agrupamento

---

16. Por exemplo: "Se quisermos pensar algo *unívoco,* sob esses termos [feudal, patrimonial, burocrático, carismático etc., RF] a sociologia deve elaborar por sua parte tipos *("ideais")* puros de cada uma das espécies dessas configurações *(Gebilden),* que revelam então cada uma por si a unidade coerente de uma adequação de *sentido* tão completa quanto possível, mas que, por isso mesmo, talvez se apresentem na realidade tão pouco sob essa forma *pura* quanto uma reação física considerada *sob a pressuposição de um espaço absolutamente vazio"* (Weber 60, p. 10; *idem* 55, I, p. 18; o último grifo é nosso).

"que comporta uma direção administrativa de caráter contínuo agindo de um modo final" (Weber 60, I, p. 28; *idem* 55, p. 55) *(Betriebsverband)*, se plenamente desenvolvido, "não é uma 'configuração *(Gebilde)* social' efêmera, mas uma configuração social perene *(perennierendes)*" *(idem* 59, p. 448; não consta da edição francesa). O caso-limite em que os sistemas de relações sociais parecem se tornar independentes dos indivíduos é o daquilo que Weber denomina "instituição" *(Anstalt)*. Nesse caso, não só a uma mesma relação pode corresponder uma sucessão de portadores (o que já é o caso nas associações *(Verein))*, mas as obrigações que decorrem da condição de portador, e portanto essa condição ela mesma, são atribuídas a certos indivíduos independentemente da vontade destes. Mas, mesmo para esses casos extremos em que se inclui o Estado, Weber recusa toda hipóstase do objeto social. A rigor, também nesses casos, é preciso operar uma redução a ações individuais ou a *possibilidades* de ação. "Por outro lado, pode ser oportuno e diretamente indispensável para uma outra série de fins do conhecimento (por exemplo, jurídico) ou por finalidades práticas, tratar certas configurações *(Gebilde)* sociais ('Estado', 'cooperativa', 'sociedade por ações', 'fundação') exatamente do mesmo modo que os indivíduos singulares (por exemplo como sujeitos *(Träger)* de direitos e de deveres ou como autores de atos *(Handlungen) juridicamente* relevantes). Entretanto, para a interpretação compreensiva da atividade [que a] sociologia [pratica], essas configurações são simplesmente desenvolvimentos *(Abläufe)* e encadeamentos *(Zusammenhänge)* de uma atividade específica de pessoas *singulares (einzelner),* pois só estas são para nós agentes *(Träger)* compreensíveis de uma atividade significativamente orientada" *(idem* 60, I, p. 6; *idem* 55, p. 12; não consta da edição francesa).

A ciência social weberiana recusa, assim, tanto a estrutura à maneira levi-straussiana, como a *Gliederung* dialética. Mesmo se o termo estrutura *(Struktur)* não está ausente do discurso weberiano (o termo original é bem mais freqüente em Weber do que em Marx, ainda que os tradutores de Weber o tenham multiplicado indevidamente), a sociologia de Weber se apresenta sem dúvida como um antiestruturalismo[17].

---

17. Fernando Haddad e Leda Maria Paulani observam que, apesar de tudo, Weber não recusa em absoluto uma espécie de inércia do social. Paulani lembra o *éthos* do capitalismo, Haddad a "estrutura de aço" *(stahlhartes Gehäuse)* em que se transfor-

É interessante observar que em Weber há uma alternativa entre estruturas conscientes (normas) e "regularidades" sociais, mas essas últimas não são apresentadas como *estruturas* inconscientes. Para medir a distância entre Weber e o estruturalismo, é interessante ler os textos em que Weber fala do que seriam os objetos privilegiados do estruturalismo: a linguagem e os "primitivos". "(...) num outro lugar, [Stammler] (trata-se de um texto de crítica ao jurista Stammler, incluído nos *Gesammelte Aufsätze zur Wissenschaftslehre,* RF) faz a ressalva de que já o uso da língua significa uma 'regulação convencional' do relacionamento *(Verkehr)* humano, e portanto constitui vida social. Ora, cada uso de meios 'lingüísticos' é um 'entendimento' *(Verständigung),* mas

---

maram as instituições nas sociedades contemporâneas, tema privilegiado por Habermas, na leitura que faz de Weber. Na expectativa da apresentação da tese de Haddad (que entre outras coisas estuda a relação Weber/Habermas) e também, é claro, da palavra dos especialistas em Weber, faríamos as seguintes observações: tem-se aparentemente em Weber tanto a idéia de uma redução de direito do objeto social à ação e à ação individual, como a idéia de inércia do social. As duas posições seriam contraditórias (e nesse caso corresponderiam a textos diferentes de Weber), ou elas seriam compatíveis? Parece-nos que não é incompatível pensar o social como sendo redutível a ações individuais, e ao mesmo tempo supor certa inércia do social. As duas teses se situam até certo ponto em planos diferentes. O que significaria a coexistência dessas duas teses? Talvez se devesse começar comparando com a dialética. Em Marx, as ações ou o sistema de ações (aqui se trata das ações que suportam a estrutura) está sempre pressuposto, embora não esteja posto. Em Weber, o sistema de ações está sempre posto, e a diferença entre a "estrutura" e as ações que as suportam ou eventualmente desviam dela, é uma diferença de graus de probabilidade (as ações "cristalizadas" são "muito" mais prováveis). Mas sobre o que repousa essa probabilidade maior de uma ação? Em parte sobre a constituição de um *ethos* que deve se transmitir de indivíduo a indivíduo e de geração em geração (essa transmissão deve ser entendida também a partir de probabilidades de ação), em parte, suposta a efetivação do *ethos* para um grande número, pela simples necessidade de sobrevivência de todos os outros. Em lugar da distinção dialética entre posto e pressuposto, têm-se assim diferenças de probabilidade. O social-inerte corresponde a um máximo de probabilidade, mas a rigor não remete a uma "estrutura". Essa diferença é verbal? E que conseqüências ela poderia ter? Há diferença na própria descrição do objeto, e a maneira dialética parece superior à weberiana. Poder-se-ia dizer que a "visada" dialética (para empregar uma expressão fenomenológica) permite um acesso muito mais fecundo ao objeto. Difícil supor por exemplo que a lógica de um objeto como o capital poderia ser reconstituída com o rigor e a riqueza com que o foi por Marx a partir da perspectiva de Weber (mesmo se efetuada a "tradução" necessária).

nem é um entendimento a respeito de estatutos *(Satzungen)*, nem se baseia em 'estatutos'. Stammler afirma sem dúvida esta última coisa [afirma que se baseia em estatutos, RF], porque os princípios *(Sätze)* dos gramáticos são *preceitos (Vorschriften)*, cujo 'aprendizado' 'deve ter como efeito' um certo comportamento. Na realidade, isto é correto para a relação entre um 'sextoanista' e o seu professor, e para permitir *este* modo de 'aprendizado' de uma língua os 'gramáticos' tiveram de converter *(bringen)* a regularidade *empírica* da atividade lingüística em um sistema de *normas* cuja observância deve ser imposta com o bastão" (Weber 59, p. 376; grifado por Weber; não consta da edição francesa). Vê-se que há no texto uma alternativa entre de um lado as normas e preceitos conscientes e de outro as "regularidades empíricas". Não há lugar para as estruturas, isto é, para as estruturas inconscientes. No contexto dessa crítica da maneira jurídico-normativa de pensar o objeto social, além de se referir à língua, Weber se refere também aos "primitivos", o que é sintomático (é a propósito desses dois casos que apareceria mais claramente a dificuldade que oferece fazer da norma, isto é, da estrutura *consciente* o objeto social por excelência, como querem, segundo Weber, os juristas)[18].

Até aqui falamos principalmente da relação entre Weber e o estruturalismo. Passamos à relação entre Weber e a dialética.

---

18. No seguinte texto Weber invoca um exemplo válido tanto para uma "sociedade industrial" como para o "primitivo". Nos dois casos ele recusa a existência de uma norma consciente, mas sempre em proveito de uma simples "regularidade": "O processo de amamentação do bebê pela mãe está marcado *(stempeln)* como porção da 'vida social' – no sentido de Stammler – pelo código civil prussiano, que determina juridicamente as ações da mãe. A mãe prussiana que, em geral, amamentou soube sem dúvida tão pouco dessa 'norma' como uma mulher negra do hemisfério sul, que realiza as mesmas ações pelo menos com a mesma regularidade, sabe a respeito disto, porque para ela amamentar *não* é [algo] imposto por 'regras externas' e em conseqüência, segundo Stammler, este acontecimento *não* é evidentemente, para o país, parte da 'vida social', e também não [o] é de algum modo, no sentido da existência de uma norma 'convencional' correspondente, a menos que se a considere simplesmente como existente lá onde se constata certa medida de pura 'regularidade' empírica do comportamento" (Weber 59, p. 378; grifado por Weber; não consta da edição francesa). De novo a alternativa é entre norma consciente e "regularidade empírica". Nem a propósito da língua, nem a propósito do primitivo, fala-se de estruturas inconscientes.

A exigência de redução em última instância de todo objeto a uma atividade, e uma atividade individual, opõe imediatamente o discurso weberiano ao discurso dialético. A diferença é particularmente visível se considerarmos um objeto como o capital. Se, para Marx, o capital é um universal concreto, e mais precisamente um objeto-movimento (um processo que se tornou Sujeito), para Weber, "capital" é uma noção que precisa ser clarificada se quisermos objetivá-la. Em primeiro lugar, ele fala antes de "conta capital" *(Kapitalrechnung)* do que de capital, o que já implica uma subjetivação do conceito. "O que se quer dizer *(bedeutet)* quando se fala em 'poder do capital' *(Kapitalmacht)*? Que aqueles que dispõem *(die Inhaber)* do poder de disposição sobre os meios de ganho *(Erwerbsmittel)* e as chances econômicas, utilizáveis enquanto bens de capital numa empresa que visa o lucro *(Erwerbsbetrieb)*, graças a esse poder de disposição e graças à orientação da economia pelos princípios do cálculo capitalista que visa o lucro, ocupam uma posição de força em relação a outros" (Weber 60, I, pp. 50-1; *idem* 55, pp. 95-6). Vê-se que a definição do "capital" implica uma redução do objeto ao sujeito (o possuidor). O que quer dizer: só traduzido em termos subjetivos o "capital" é objetivável. Se Weber evita, como vimos, toda estrutura inconsciente à maneira do estruturalismo, ele exorciza igualmente todo *conceito* em sentido dialético. Com isto desaparece toda "fantasmagoria objetiva". Mas vejamos melhor o que isto significa. Em Weber, há uma espécie de convergência entre as exigências metodológicas e as teses substantivas, no sentido da eliminação de toda "fantasmagoria". Exigência de método: é preciso clarificar absolutamente os conceitos, o que para Weber significa subjetivar (no sentido de que é preciso pôr os agentes, pois só os agentes são objetivos). Tese substantiva: o capitalismo é o mundo desencantado, mundo em que desapareceram as representações "mágicas". Forma (método) e conteúdo (tese do capitalismo como mundo desencantado) pressionam no sentido de um discurso "redutor", e rigorosamente *aufklärer*. O problema é que há no capitalismo alguma coisa como um mundo encantado, e que esse mundo encantado é em parte (num dos seus momentos) um mundo objetivo. Ao desencantar um mundo objetivamente encantado, o *aufklärer* Weber é vítima da dialética da *Aufklärung* (tal como Marx já a conhecia). O discurso *aufklärer* de Weber corre o risco de "encantar", isto é, de mistificar, porque clarifica o que não é objetivamente claro, desencanta o que é objetivamente encantado. Weber cai, assim, na dialética do antifetichismo abstrato. Observemos que a definição do capitalismo em termos de racionalidade econômica tem a ver com essa redução do encantamento objetivo. Weber reconhece que a finalidade da ação típica do capitalista pode ser considerada como irracional, e afirma mesmo a possibilidade de se considerar a racionalidade capitalista, de certo ponto de vista (o dos fins ou o dos valores), como irracional[19]. Mas apesar de tudo ele define o capitalismo pela racionalidade. Além de não ter, provavelmente, dado todo o peso às contradições internas do sistema, ao fato de que a possibilidade da crise está sempre presente, Weber pode definir o capitalismo pela racionalidade porque põe entre parênteses o tipo particular de "encantamento" que é inseparável do capitalismo. Voltaremos a esse ponto

---

19. Weber reconhece que a racionalidade capitalista é irracionalidade do ponto de vista de uma ética eudemonista. Leiam-se a propósito os seguintes textos: "(...) ganhar dinheiro e sempre mais dinheiro, evitando da maneira mais estrita todo gozo espontâneo, isto é, pensado de modo tão despojado de todo ponto de vista eudemonista ou hedonista, é pensado de maneira tão pura como fim em si, que isto aparece como totalmente transcendente e *irracional (Irrationales)* diante da 'felicidade' ou da 'utilidade' *(Nutzen)* do indivíduo singular" (Weber 58, p. 35; *idem* 57, p. 50; grifo nosso). "Na realidade – e essa frase simples que é freqüentemente esquecida deveria figurar no alto de todo estudo que se ocupa do 'racionalismo' – a vida pode ser 'racionalizada' de acordo com pontos de vista últimos extremamente diversos e segundo direções extremamente diferentes. O 'racionalismo' é um conceito histórico que contém todo um mundo de oposições. Investigaremos de que espírito nasceu esta forma concreta de pensamento e vida 'racionais', a partir do qual se desenvolveu essa idéia-de-vocação *('Berufs'-Gedanke)* e de devoção *(sichhergeben)* ao *trabalho* como vocação *(Berufsarbeit)* – tão irracional, como vimos, do ponto de vista do puro interesse próprio eudemonista – que foi entretanto e que permaneceu sendo um dos elementos característicos de nossa cultura *(Kultur)* capitalista. O que *nos* interessa aqui é precisamente a origem desse elemento *irracional (irrational)* que existe no interior dela como em todo conceito de 'vocação' *('Berufs'-Begriff)*" *(idem* 58, p. 60; *idem* 57, p. 82; grifado por Weber). "De fato, esta é a única motivação adequada *(zutreffende)* e ela exprime quanto é *irracional (Irrationale)* essa [maneira de] conduzir a vida em que o homem existe para o seu negócio *(Geschäft),* e não vice-versa" *(idem* 58, p. 54; *idem* 57, p. 73; grifado por Weber). "Ele [o tipo ideal do empresário capitalista, RF] não 'tira nada' *(hat nichts)* da sua riqueza para a sua pessoa – fora o sentimento *irracional* de ter bem cumprido a sua vocação *(gute Berufserfüllung)*" *(idem* 58, p. 55; *idem* 57, p. 74; grifado por Weber). A perspectiva em geral – mas nem sempre – relativista não é muito satisfatória. Há razões para considerar como sendo objetivamente irracional uma conduta em que se busca "compulsivamente" o lucro. Inversamente, no nível dos meios, a conduta capitalista é efetivamente racional.

nas conclusões. Por ora, poder-se-ia acrescentar, concluindo este parágrafo, que se tanto o estruturalismo como a dialética, embora sob formas diferentes, pensam o social como um análogo da linguagem, a concepção "pragmática" de Weber exclui precisamente toda analogia com a linguagem. Claro que a teoria do social enquanto ação se exprime através da linguagem, mas o seu objeto, porque ele é visado no nível dos agentes, não pode ser pensado como uma linguagem[20]. Só a objetivação do social à maneira estruturalista ou à maneira dialética (vimos ou começamos a ver as diferenças entre os dois casos) permite pensar em geral o objeto social como análogo da linguagem.

IV – O SOCIAL COMO JUÍZO (MAUSS, LÉVI-STRAUSS, MARX)

Retomemos a análise do ponto a que havíamos chegado, antes de começar o desenvolvimento sobre Weber. Dizíamos que do ponto de vista dialético, como também, mas em sentido diferente, para o estruturalismo, o social pode ser pensado como análogo da linguagem. Dizer que o social para a dialética é análogo a uma linguagem entendida como um *fluxo de significações* é supor que o social é pensável em termos de *juízos*. Em textos anteriores, tentamos mostrar que se pelo menos certas regiões do social são "análogos" do juízo, o juízo que deve intervir nesse contexto toma formas que a lógica do entendimento, a lógica em sentido corrente, desconhece. Esboçamos uma teoria desses juízos, construída a partir da *Lógica* de Hegel, mas que se afasta consideravelmente, no detalhe, do seu modelo.

Um autor muito importante da história da antropologia tenta representar pelo menos certos aspectos do social sob a forma de juízos. Esse autor é anterior à época do estruturalismo, mas foi lido como uma espécie de quase estruturalista *"avant la lettre",* em todo caso como alguém que se aproximou muito do ponto de vista estrutural, sem que entretanto tivesse tirado todas as conseqüências disso. E há uma crítica estruturalista desse autor que tem precisamente como um dos focos a

---

20. Seria possível pensar o social como linguagem a partir da idéia de ação, mas para isso seria preciso que se privilegiasse não a relação meio/fim no interior da ação de cada agente, mas os sistemas de ações pensados como cristalizações de atos de troca.

idéia que ele tem do social como juízo. Referimo-nos, bem entendido, a Mauss, e à crítica que dele faz Lévi-Strauss na introdução à edição dos textos de Mauss, publicada sob o título de *Sociologia e antropologia*.

Para descrever ou explicar a magia[21], Hubert e Mauss são levados a introduzir a idéia de uma força espiritual, idéia que contém ela própria a de um meio no qual essa força se exerce (as idéias de alma e também de espírito seriam segundas nesse contexto). Esta noção é, como se sabe, a de *mana*, termo melanesiano que se encontra também na Polinésia, e que seria o análogo de toda uma série de outros termos, como o *orenda* dos hurons (iroqueses), o *manitou* dos ojibways (algonquinos), o *pokunt* dos shoshones, o *hau* dos maoris (ver o *Ensaio sobre o dom*, de Mauss) e também aproximadamente as noções de *dýnamis* e de *phýsis*[22]. Sobre o *mana*, escrevem Hubert e Mauss: "O *mana* não é simplesmente uma força, um ser, ele é ainda uma ação, uma qualidade e um estado. Em outros termos, a palavra é ao mesmo tempo um substantivo, um adjetivo, um verbo. Diz-se de um objeto que ele é *mana*, para dizer que ele tem essa qualidade; e nesse caso a palavra é uma espécie de adjetivo (não se pode dizer de um homem). Diz-se de um ser, de um espírito, de um homem, de uma pedra ou de um rito, que ele tem *mana*, "o mana de fazer isto ou aquilo". Emprega-se o termo *mana* nas diversas formas das diversas conjugações, ele significa, então, ter *mana*, dar *mana* etc. Em resumo, a palavra subsume uma multidão de idéias que designaríamos pelas palavras: poder de feiticeiro, qualidade mágica de uma coisa, coisa mágica, ser mágico, ter poder mágico, ser encantado, agir magicamente (...)" (Mauss 48, p. 101). A idéia de *mana* é "idéia de uma força de que a força do mágico, a força do rito, a força do espírito não são mais do que expressões diferentes, segundo os elementos da magia" *(id., ibid.*, p. 100)[23]. E essa "noção de força mágica é", sob certo aspecto, "plenamente comparável

---

21. Ver Hubert e Mauss, "Esquisse d'une théorie générale de la magie". In: Mauss 48.
22. Sobre essas duas últimas noções, ver *id., ibid.*, p. 110.
23. "A idéia de *mana* se compõe de uma série de idéias instáveis que se confundem umas com as outras. Ele é sucessivamente e ao mesmo tempo qualidade, substância e atividade. Em primeiro lugar, ele é uma qualidade: há alguma coisa que tem a coisa *mana*: ele não é a própria coisa (...). Em segundo lugar, o *mana* é uma coisa, uma substância, uma essência manejável, mas também independente. Razão pela qual ele só pode ser manejado por indivíduos que têm *mana* (*à mana*), num ato

à noção de força mecânica. Do mesmo modo que nós chamamos força a causa dos movimentos aparentes, do mesmo modo a força mágica é propriamente a causa dos efeitos mágicos: doença e morte, felicidade e saúde etc." (Mauss 48, p. 100). A razão ocidental tem uma certa dificuldade em compreender o *mana*: "A idéia do *mana* é uma dessas idéias obscuras *(troubles)* da qual nós acreditamos nos ter desembaraçado, e que, em conseqüência, temos dificuldade em conceber. Ela é obscura e vaga e entretanto de um emprego estranhamente determinado. Ela é abstrata e geral e entretanto cheia de concretude *(concret)" (id., ibid.,* p. 102). É que "essa idéia compósita de força e de meio escapa (...) às categorias rígidas e abstratas de nossa linguagem e de nossa razão" *(id., ibid.,* p. 101).

Para entender a idéia do *mana,* Hubert e Mauss fazem apelo a "uma psicologia não intelectualista do homem em coletividade (...)" *(id., ibid.).* Mas a noção de *mana* lhes "parece ainda separada demais do mecanismo da vida social" *(id., ibid.,* p. 115); "ela é ainda algo excessivamente intelectual; não vemos de onde ela vem, sobre que fundo ele se formou. Tentaremos pois remontar [até um nível] mais alto, até [as] forças, forças coletivas, das quais diremos que a magia é o produto e a idéia de *mana* a expressão" *(id., ibid.).* E é aqui – portanto além (ou aquém) da idéia de *mana* – que se introduz a idéia de representar as operações mágicas como juízos (seremos em seguida reconduzidos à idéia de *mana).* É preciso examinar em detalhes esses textos: "Para tanto [para remontar até mais alto, RF] consideremos, um instante, as representações e as operações mágicas como *juízos" (id., ibid.;* grifo nosso). "E temos o direito de fazê-lo, pois toda espécie de representação mágica pode tomar a forma de um *juízo,* e toda espécie de operação mágica procede de um *juízo,* se não de um *raciocínio" (id., ibid.;* grifo nosso). "Tomemos como exemplos as proposições seguintes: *o mágico levita o seu corpo astral; a nuvem é produzida pela fumaça de um certo (tel) vegetal; o espírito é movido pelo rito" (id., ibid.;* grifo nosso). Trata-se de mostrar

---

mana, isto é, por indivíduos qualificados e num rito (...). Em terceiro lugar, o *mana* é uma força e especialmente a dos seres espirituais, isto é, a das almas dos ancestrais e dos espíritos da natureza. É ele que faz com que estes sejam seres mágicos (...) os espíritos da natureza são, essencialmente, dotados de *mana,* mas nem todas as almas dos mortos o são; só são *tindalos,* isto é, espíritos eficazes, as almas dos chefes, no máximo as almas dos chefes de família (...)" (Mauss 48, pp. 102-3).

que esses juízos não se explicam "se não pela sociedade e por intervenção dela", mas para isto – e é o que nos interessa principalmente – os dois autores começam por analisar a natureza desses juízos. A análise tem por base a distinção desenvolvida por Kant entre juízos analíticos e juízos sintéticos. Assim, Hubert e Mauss se perguntam: "Trata-se de *juízos analíticos*? Pode-se, com efeito, perguntar, por que os mágicos que fizeram a teoria da magia, e os antropólogos na sua esteira, tentaram reduzi-los à *(à des termes de)* análise. O mágico, dizem eles, raciocina *do mesmo ao mesmo* quando ele aplica a lei da simpatia, [quando ele] reflete sobre os seus poderes, ou sobre os seus espíritos auxiliares. O rito move os espíritos *por definição;* o mágico levita o seu corpo astral, porque esse corpo é *ele mesmo;* a fumaça do vegetal faz com que venha a nuvem, *porque ela é a nuvem"* (Mauss 48, pp. 115-6; grifo nosso). Mas para Hubert e Mauss essa explicação é insustentável, porque ela não parece corresponder ao que se passa "no espírito do mágico". E aqui reaparece a noção de *mana*. "Nós estabelecemos precisamente que essa redução a juízos analíticos é completamente teórica e que as coisas ocorrem diferentemente no espírito do mágico. Este introduz sempre, nos seus juízos, um *termo heterogêneo,* irredutível à sua *análise* lógica, força, poder, *physis* ou *mana"* (id., ibid., p. 116; grifo nosso). Introduz-se, então, uma precisão de ordem lógica, que nos interessa particularmente. O *mana* funciona como *cópula lógica*: "A noção de eficácia mágica está sempre presente e é ela que, longe de ser acessória, *desempenha de algum modo, o papel que desempenha a cópula na proposição.* É ela que *põe* a idéia mágica, [que] lhe dá seu ser, sua realidade, sua verdade, e se sabe que ela é considerável" *(id., ibid.;* grifo nosso). Mas se o "juízo mágico" *(id., ibid.)* não é um juízo analítico, mas um juízo que se torna possível graças a um certo tipo de cópula (representada pela *physis* ou *mana),* tratar-se-ia de um juízo sintético a *posteriori*? Continuando a "imitar os filósofos", os dois autores perguntam-se assim: "Os juízos mágicos são juízos sintéticos a *posteriori*? As sínteses nas quais eles se baseiam são apresentadas como inteiramente constituídas *(toutes faites)* pela experiência individual?" *(id., ibid.,* p. 116). A resposta é negativa, porque a experiência jamais forneceu a prova de um juízo mágico" *(id., ibid.).* Dir-se-á que se trata de experiências "subjetivas"? Mas nem os "interessados" nem os mágicos, que por exemplo terminam o ato simulando a extração de uma pedra do corpo de um paciente, têm experiências capazes de "explicar por si sós a *objetividade,* a *generalidade* e o *caráter apodítico* dos aforismas mágicos" (Mauss 48, p. 117; grifo nosso). Na realidade, "os juízos mágicos são anteriores às experiências mágicas" *(id., ibid.)*. "(...) enquanto eles se apresentam nos espíritos, mesmo no seu início, os juízos mágicos são, como se diz, *juízos sintéticos a priori* quase perfeitos. *Ligam-se os termos antes de qualquer tipo de experiência" (id., ibid.;* grifo nosso)[24]. Já vimos qual é a cópula desse juízo sintético *a priori*, o que torna possível esse juízo sintético *a priori. Uma vez introduzida essa cópula*, poder-se-ia dizer que se instaura uma relação analítica (em si mesmo, o juízo não é analítico): "Basta que se subentenda a idéia de *mana* em toda espécie de proposição mágica, para que esta se torne por isso mesmo analítica. Que na proposição: a fumaça das ervas aquáticas produz a nuvem, se insira após o sujeito a palavra *mana* e obtemos imediatamente a identidade: fumaça com *mana* = nuvem. Não só essa idéia transforma os juízos mágicos em juízos analíticos, mas ela os transforma de *a priori* em *a posteriori*, porque ela domina a própria experiência e a condiciona" *(id., ibid.* p. 120); "(...) é essa idéia, ou antes, essa *categoria*, que explica a possibilidade lógica do juízo mágico e que elimina o seu caráter absurdo *(fait cesser l'absurdité)" (id., ibid.,* pp. 119, 120; grifo nosso). "Com efeito, esta noção é a própria condição da experimentação mágica, e permite interpretar os fatos mais desfavoráveis em benefício do preconceito. De fato, ela própria foge de todo exame. Ela é dada *a priori* antes de toda experiência. Com efeito, ela não é, propriamente, uma representação da magia como o são a simpatia, os demônios, as propriedades mágicas. Ela dirige *(régit)* as representações mágicas, é a sua condição, a sua forma necessária. Ela funciona à maneira de uma *categoria*, ela torna possível as idéias mágicas como as categorias tornam possíveis as idéias humanas. Esse papel, que lhe atribuímos, de *categoria inconsciente* do entendimento é justamente expressa pelos fatos" *(id., ibid.,* p. 111; grifo nosso).

A leitura desses textos mostra por si só o interesse que pode oferecer à dialética a teoria de Hubert e Mauss sobre o "juízo mágico". O interesse não está apenas no fato de que, como para a dialética, o social

---

24. O texto termina assim: "Entendam-nos bem, não dizemos que a magia nunca apela para a análise ou para a experiência, dizemos que ela é bem fracamente analítica, fracamente experimental e quase totalmente *a priori*".

(ou pelo menos uma região do social) aparece como análogo do juízo, mas também no fato de que esse juízo se apresenta numa *forma que remete não à lógica formal,* mas à tradição do idealismo alemão, mesmo se na figura da lógica transcendental de Kant, e não na da lógica dialética de Hegel. Mas para tirar todas as conclusões desse paralelo é preciso reintroduzir o estruturalismo, no interior de cujo universo, já vimos, o social também é pensado como linguagem. Essa reintrodução é facilitada pelo fato de que Lévi-Strauss fez uma crítica explícita e relativamente detalhada do pensamento de Mauss. Essa crítica não visa apenas o *Esboço de uma teoria geral da magia* de Hubert e Mauss, mas também outros textos, principalmente o *Ensaio sobre o dom* de Mauss[25].

Lévi-Strauss registra e aprecia em Mauss a analogia entre o social e a linguagem: "Mauss tinha razão portanto quando constatava desde 1902 que, 'em resumo, no momento em que chegamos à representação das propriedades mágicas, estávamos diante de fenômenos semelhantes aos da linguagem'" (Mauss 48, p. XXXI, pp. 71-2). E Lévi-Strauss acrescenta: "Pois é a lingüística, e mais particularmente a lingüística estrutural, que nos familiarizou desde então com a idéia de que os fenômenos fundamentais da vida do espírito, os que a condicionam e determinam suas formas mais gerais, se situam no nível do pensamento inconsciente" *(id., ibid.,* p. XXXI). De fato, vimos que Mauss emprega o termo "categoria inconsciente". Referindo-se particularmente ao *Ensaio sobre o dom,* Lévi-Strauss aprecia sobretudo o fato de que "produtos da atividade social técnica, econômica, ritual, estética ou religiosa (...) tornam-se *(sont rendus)* comparáveis entre si pelo caráter comum que todos possuem de serem transferíveis (...) [e] não só comparáveis, mas freqüentemente substituíveis, na medida em que valores diferentes podem substituir um ao outro na mesma operação" *(id., ibid.,* p. XXXIII). "E, principalmente, são as próprias operações, por diver-

---

25. Nesse ponto surge de forma mais aguda uma dificuldade que envolve o conjunto do nosso texto. Os problemas que discute Lévi-Strauss na sua crítica a Mauss têm implicações lógicas, mas eles são antes de mais nada problemas de ordem antropológica. É evidente que não pretendemos dar lições aos antropólogos. Tentaremos apenas descrever o *sentido* das duas posições e reconstituir algumas das suas implicações lógicas. Os antropólogos dirão em que medida os nossos resultados são válidos ou interessantes.

sas que elas possam parecer através dos acontecimentos da vida social: nascimento, iniciação, casamento, contrato, morte ou sucessão, e por mais arbitrárias [que sejam] pelo número e a distribuição dos indivíduos que elas envolvem (...) que autorizam sempre uma redução a um número menor de operações de grupos ou de pessoas em que não se encontra no final das contas, se não os termos de um equilíbrio diversamente concebido e diferentemente realizado segundo o tipo de sociedade considerado" (Mauss 48, pp. XXXIII-IV). Ele afirma que "pela primeira vez na história do pensamento etnológico", fez-se um esforço para "atingir realidades mais profundas" para além da "observação empírica", "pela primeira vez o social" ultrapassa o "domínio da qualidade pura" e "se torna sistema, entre cujas partes se podem descobrir conexões, equivalências, solidariedades" *(id., ibid.,* p. XXXIII). O social aparece de certo modo como um fenômeno de comunicação, as mensagens se ordenando entre si segundo relações definidas por uma estrutura que permanece inconsciente aos agentes. Entretanto, Mauss não teria ido até o final do caminho: "Ele se detève no limiar *(bord)* dessas imensas possibilidades, como Moisés conduzindo o seu povo até uma terra prometida cujo esplendor ele não contemplaria nunca" *(id., ibid.,* p. XXXVII). Nesse ponto, começa propriamente a crítica de Lévi-Strauss: "Deve haver em algum lugar uma passagem decisiva que Mauss não trilhou, e que pode sem dúvida explicar por que o *novum organum* das ciências sociais do século XX que se poderia esperar dele, e do qual ele tinha todos os fios condutores, só se revelou em forma de fragmentos" *(id., ibid.).* O ponto de partida da crítica é a observação de que se a "troca *(échange)* aparece para Mauss como "o denominador comum de um grande número de atividades sociais" aparentemente heterogêneas, Mauss não "consegue ver" a troca "nos fatos". Nestes ele não vê a troca, mas as obrigações de dar, de receber e de devolver. E por isso aparece a exigência de uma força. Para Mauss, a experiência só fornece fragmentos da estrutura. "É preciso construí-la" *(id., ibid.,* p. XXXVIII). E para construí-la é necessário que haja uma *"fonte de energia* que opere a *síntese" (id., ibid.;* grifo nosso). Lévi-Strauss cita Mauss: "Pode-se provar que nas coisas trocadas (...) há uma virtude que força os dons a circular, a serem dados, a serem devolvidos" *(id., ibid.,* pp. XXXVIII, 214; cf. p. 205). No *Ensaio sobre o dom,* essa força é o *hau.* Em resumo, por não ter partido da estrutura mas de elementos esparsos, Mauss precisaria de uma "quantidade suplementar", que não se sabe bem onde encontrar. O *hau* (como o *mana* etc.) é na realidade apenas a "forma consciente" de uma "necessidade" e de uma estrutura inconsciente, e por ela mesma não explica nada. Lévi-Strauss faz na realidade um duplo trabalho: por um lado ele critica a noção de *mana* e seus equivalentes (no final do seu texto, passa-se do *Ensaio sobre o dom* ao *Esboço de uma teoria geral da magia*). Por outro lado, e na mesma linha de idéias, ele retoma – ressaltando o seu interesse e ao mesmo tempo a modificando – a teoria maussiana do ato mágico como juízo.

Conhece-se o teor da crítica de Lévi-Strauss à noção de *mana*. Uma noção do tipo *mana* seria um *significante flutuante*, "símbolo em estado puro", "capaz de se encarregar de qualquer conteúdo simbólico" (Mauss 48, p. L). É que se com a linguagem tudo se torna significativo, nem por isso tudo se torna conhecido. É essa decalagem entre a atribuição de um significado a tudo, e o desconhecimento da melhor maneira de ligar cada significante a cada significado, que explica a existência de noções como *mana*, que corresponderia ao *"truc"* e ao *"machin"* dos franceses, e ao nosso *"troço"* etc. A função que Mauss (e Hubert) atribuem ao *mana* – e, menos do que eles, a função atribuída ao *mana* por uma certa tradição etnográfica – correria, assim, o risco de dissolver o discurso científico numa "fenomenologia verbal, mistura falsamente ingênua" em que "as obscuridades aparentes do pensamento indígena" cobririam "as confusões, estas bem excessivamente manifestas, do pensamento etnográfico" *(id., ibid.*, p. XLVI). É no interior do "próprio sistema" de Mauss e também de Durkheim que o *mana* teria, em parte pelo menos, o caráter de "potência secreta" *(id., ibid.,* p. XLV).

Mas, se Lévi-Strauss critica a função e o significado atribuídos ao *mana* e ao *hau,* ele subscreve a idéia de que o ato mágico é um juízo. Que não se denuncie o "racionalismo" de uma crítica que recusa as "noções mágicas ou afetivas cuja introdução parece residual" *(id., ibid.,* p. XL). "É [Mauss] e não nós que afirmamos a necessidade de *compreender o ato mágico como um juízo" (id., ibid.,* grifo nosso). Vê-se que o que se questiona não é em absoluto a idéia do social como análogo da linguagem ou do juízo, e nem mesmo a distinção entre as duas formas de juízo que serve de base à análise: "Foi ele [Mauss] que introduziu na crítica etnográfica uma distinção fundamental entre juízo analítico e juízo sintético, cuja origem filosófica se encontra na teoria das noções matemáticas" *(id., ibid.).* Lévi-Strauss admite, assim, o interesse para a etnografia da classificação dos juízos desenvolvida por Kant. E, quanto à idéia mais geral de que o social possa ser pensado como juízo, ela iria na direção da leitura estrutural. Mas Lévi-Strauss propõe uma outra leitura do "juízo mágico". O *mana* como pretensa cópula do juízo mágico não seria mais do que "um cimento afetivo e místico" (Mauss 48, p. XLVI) que o etnógrafo seria obrigado a introduzir pelo fato de partir não de uma estrutura mas de elementos dela. E, mais precisamente, pelo fato de começar separando os elementos do juízo mágico. Este representaria desde logo uma unidade? Leia-se a resposta – resposta problemática que comentaremos mais adiante – de Lévi-Strauss: "O juízo mágico, em que implica o ato de produzir fumaça para suscitar as nuvens e a chuva, *não se fundamenta numa distinção primitiva entre fumaça e nuvem* com o recurso ao *mana* para juntar *(souder)* um com o outro, mas sobre o fato de que *um plano mais profundo do pensamento identifica fumaça e nuvem*, que um é a mesma coisa que o outro, *pelo menos sob certo aspecto (sous un certain rapport),* e esta *identificação* justifica a associação subseqüente, e não o contrário. Todas as operações mágicas repousam sobre a restauração de uma unidade, *não perdida* (porque *nada se perde definitivamente (jamais)),* mas inconsciente ou *menos completamente* consciente do que essas operações elas mesmas" *(id., ibid.,* pp. XLVI e XLVII; grifo nosso)[26]. Lévi-Strauss supõe, assim, que há uma identidade "básica" entre os elementos "pelo menos sob certo aspecto"; e é essa identificação que justifica a associação subseqüente. Mas se a associação é necessária é porque a identidade de algum modo se obscureceu, embora ela não se tenha perdido definitivamente "que nada se perde definitivamente", ou seja, porque ela se tornou inconsciente ou "menos completamente consciente".

Para Lévi-Strauss, a dificuldade de Mauss e a necessidade de introduzir a "cópula mágica" proviriam do fato de que ele estava preso à "psicologia e à lógica tradicionais" *(id., ibid.,* p. LI). Seria preciso traduzir "a concepção de Mauss, da sua expressão original em termos de lógica das classes, nos de uma lógica simbólica, que resume as leis mais gerais da linguagem" *(id., ibid.,* p. L). À lógica das classes, pensada à maneira da tradição, Lévi-Strauss opõe, assim, uma lógica de relações: "A partir daí temos razões *(sommes... fondé)* para dizer que

---

[26]. O texto termina pela frase: "A noção de *mana* não é da ordem do real, mas da ordem do pensamento, o qual, mesmo quando se pensa a si mesmo, pensa sempre um objeto *(ne pense jamais qu'un objet)*".

se Mauss tivesse podido conceber o problema do julgamento de um outro modo que não nos termos da lógica clássica, e formulá-lo em termos de lógica das relações, então, junto com o próprio papel da cópula, teriam caído as noções que têm esse papel na sua argumentação (ele diz expressamente: "O *mana* (...) desempenha o papel da cópula na proposição"), isto é, o *mana* na teoria da magia, e o *hau* na teoria do dom (Mauss 48, p. XL)[27]. E se Mauss reivindica "uma psicologia não intelectualista" *(id., ibid.,* pp. L, 101) como a única que seria capaz de dar conta das dificuldades, Lévi-Strauss quer "uma psicologia que seja intelectualista *de outro modo (autrement)" (id., ibid.,* p. LI; grifo nosso). Para ele, só assim se poderá neutralizar essa "auréola nebulosa de afetividade" *(id., ibid.)* em que o social se refrata.

Que interesse essa discussão oferece à dialética? Já indicamos os limites do que poderemos dizer. Em primeiro lugar, pode-se observar que a leitura que Lévi-Strauss faz do *mana* é de ordem *semântica (id., ibid.,* p. XLIX e L), a de Hubert e Mauss é de ordem *sintática*. É de se perguntar, primeiramente, se no fundo a direção de Hubert e Mauss não é a mais autenticamente estrutural. Para além disso, passando mais propriamente para o plano do conteúdo, não parece válido, como pretende Lévi-Strauss, assimilar noções do tipo *hau* a "troço", *"machin"* ou *"truc"* etc. Há sem dúvida um *fio* que liga os dois casos, mas eles permanecem diferentes. A passagem de um a outro parece implicar precisamente um *preenchimento,* uma espécie de *posição,* que está ausente ou só pressuposta no caso do "troço", *"truc"* etc. Se Lévi-Strauss faz abstração dessa diferença é talvez precisamente pelo fato de que a sua lógica *não comporta a noção de posição* e por isso tende a identificar noções cuja *determinação* (mas não o estatuto da posição) tem realmente alguma coisa de convergente. Se digo "troço", *pressuponho* de fato, pelo menos em certa medida, alguma coisa de mágico; pelo menos há lá um "lugar" que poderá ser preenchido pelo "mágico": *mas não ponho o mágico.*

Porém o que nos interessa mais de perto é o problema do juízo. Como já assinalamos, há um parentesco evidente entre a direção de Hubert e Mauss (pensar o social a partir do juízo *concebido em termos*

---

27. "É no caráter relacional do pensamento simbólico que se poderia buscar a resposta para o nosso problema" (Mauss 48, p. XLVII).

não formais) e a direção de Marx. De fato, o juízo mágico de Mauss tem certa analogia com o que chamamos de juízo de Reflexão em Marx[28], como também com outras formas dialéticas do juízo que tentamos reconstruir[29]. O que há de comum entre os dois casos (juízo mágico/juízos dialéticos) é em geral o fato de que em ambos se tem, senão uma espécie de movimento que vai do sujeito ao predicado, em todo caso, uma espécie de vazio que prenuncia a negação entre sujeito e predicado e que é preenchido pela cópula (no caso dos juízos dialéticos se tem propriamente um movimento que conduz o sujeito ao predicado). Nisso está o grande interesse lógico da explicação de Mauss. (Sobre as diferenças entre os dois casos nos explicaremos logo mais adiante). Digamos que Hubert e Mauss estavam realmente no bom caminho, e provavelmente num sentido muito preciso do que supõe Lévi-Strauss. A idéia de introduzir um elemento *transcendental* (o juízo sintético *a priori* introduzido pela "cópula-*mana*") os punha na rota de pensar o social através de modelos não formais: assegurava-se o cânone racionalista rigoroso da linguagem, e ao mesmo tempo, na medida em que o transcendental (e sobretudo nesse contexto)[30] anuncia de algum modo o dialético, abria-se caminho para reproduzir a *fluidez* – não simplesmente a dinâmica – intrínseca ao objeto. A teoria do juízo mágico de Hubert e Mauss parece representar uma pista extremamente rica que aponta não só para além da velha etnografia "qualitativa" e pré-estruturalista, mas também para além do próprio estruturalismo. Sem dúvida, um juízo sintético *a priori* não é um juízo de reflexão em sentido dialético, e em certa medida é mesmo o contrário dele. Mas ele se aproxima disto, se o pensarmos, como fazem Hubert e Mauss, como um juízo em que se reúne uma síntese a uma análise, ou em que se obtém uma análise a partir de uma síntese. É esse caráter até certo ponto tanto sintético como analítico que aproxima os dois casos, sobretudo na for-

---

28. Trata-se de um juízo em que o sujeito se reflete no predicado, porque o sujeito só está pressuposto, e só o predicado está posto. Por exemplo, se nos situarmos no momento da *gênese* (lógica) do dinheiro, diremos: "O dinheiro é... a forma equivalente" (o signo "..." indicando reflexão, em sentido dialético).
29. Por exemplo, com o que chamamos de juízo do Devir: "x é → y", no sentido em que x se transforma em y, x morre e nasce y (o signo "→" indicando o devir).
30. O fato de o juízo mágico exprimir uma transformação (ver mais adiante) faz dessa síntese *a priori*, uma síntese *a priori sui-generis*.

ma em que a síntese *a priori* aparece no texto dos dois antropólogos. Isto propriamente quanto à forma do juízo em cada um dos casos. A isso se poderiam acrescentar algumas considerações sobre o que poderíamos chamar de *conteúdo formal* dos dois juízos. Desse ponto de vista (fazendo portanto abstração das diferenças propriamente formais já indicadas), o juízo mágico parece se situar entre o que chamamos de juízo de Reflexão, e o que chamamos de juízo do Devir. O juízo mágico é uma espécie de juízo de Reflexão mas que se apresenta como se fosse um juízo do Devir. Se digo "a fumaça é chuva", "fumaça" se reflete em "chuva" (teríamos "a fumaça é... chuva"), mas esse juízo se apresenta ao mesmo tempo como um juízo do Devir ("a fumaça é → chuva", segundo a simbolização proposta acima, a fumaça se transforma em chuva). Há aí uma espécie de anfibolia entre a realidade *(Realität)* e a efetividade *(Wirklichkeit)*. Uma reflexão que se apresenta como um devir. Isso dá conta do caráter ilusório desse juízo. Mas tanto no devir como na reflexão há movimento do sujeito ao predicado, ou antes, há um sujeito que (sob duas formas diferentes) passa ao predicado; e a síntese *a priori mágica* de Hubert e Mauss está muito próxima da reprodução desse movimento.

Apesar da homenagem que ele presta a Mauss, Lévi-Strauss parece não se dar conta da riqueza lógica (e talvez também etnológica) da resposta dos dois autores. E não se dá conta por causa dos limites do seu próprio universo. O último texto de Lévi-Strauss que citamos mostra os limites e as dificuldades da sua posição. Ele só conhece a *identidade* e a *diferença* e no fundo não consegue efetuar o movimento que vai da diferença à identidade, movimento que até certo ponto é percorrido por Hubert e Mauss. Ou, preferindo, é *malgré lui* que Lévi-Strauss efetua, ou antes, *sofre* esse movimento. Para Lévi-Strauss – ver texto – a identidade entre a fumaça e a nuvem estaria dada no ponto de partida. Mas ele atenua a afirmação: estaria dada "pelo menos sob um certo aspecto *(rapport)*". Em seguida, ele diz que a identidade não se perde (porque nada está definitivamente perdido), mas se tornou inconsciente. E de novo ele corrige: ela se torna pelo menos "menos completamente consciente" do que as próprias operações. O uso que se faz aqui da noção de inconsciente, apesar das aparências, não tem o rigor habitual do discurso lévi-strausssiano. Por falta de um instrumento ou melhor de um conceito adequado, Lévi-Strauss *oscila* entre a idéia de que o juízo é analítico e a idéia de que ele é *sintético*. Ele não dispõe da idéia de que o juízo seria analítico-sintético, de que se tem uma identidade-diferença. O juízo seria analítico enquanto inconsciente, e sintético enquanto consciente. Ou ele seria mais consciente como juízo sintético, e menos consciente como juízo analítico... As dificuldades derivam, já dissemos, dos pressupostos lógicos de Lévi-Strauss. Lévi-Strauss vê como solução o abandono da lógica das classes em proveito de uma lógica de relações. Mas essa solução é ilusória. A lógica formal moderna, pelo menos no estado em que se encontra atualmente, não dá melhor conta das relações dialéticas do que a lógica clássica. A lógica contemporânea é tão impotente diante desses problemas como a lógica clássica. E, em certo sentido, é mesmo mais impotente. Porque a lógica de Aristóteles não era apenas uma lógica formal, ela se articulava de uma forma ou de outra com uma "metafísica" em que precisamente estavam presentes noções como as de *dýnamis* e de *phýsis* (a que Hubert e Mauss se referem). Quanto à idéia de que se deve passar não de uma "psicologia" intelectualista a uma "psicologia" não intelectualista, mas a uma "psicologia" *de outro modo* intelectualista, ela é aceitável, mas todo o problema está na definição deste "outro modo". Na realidade, trata-se por um lado de defender o racionalismo, digamos (em grandes linhas) estrutural, contra o pensamento descritivo, unilateralmente qualitativo, atomístico ou historicista da tradição etnográfica anterior a Mauss. Mas, por outro, trata-se de evitar que com isto nos encerremos nos limites do racionalismo estruturalista. Buscar uma "psicologia", isto é, uma lógica intelectualista de outro modo significa para nós passar do *intelectualismo* estrutural ao *racionalismo* dialético, do entendimento estruturalista à razão dialética.

Entretanto, sob um aspecto, a razão dialética apoiaria Lévi-Strauss contra Hubert e Mauss. Ou, preferindo, há uma segunda vertente, em que pelo menos alguma coisa da crítica de Lévi-Strauss parece procedente. Lévi-Strauss insiste em que não se deve buscar um elemento motor *exterior* à estrutura. O elemento motor deve ser inerente a ela. Ora, o *mana* e equivalentes, na sua função de cópula lógica, conserva alguma coisa dessa exterioridade, se o compararmos com as configurações dialéticas. A dialética tenta precisamente desenvolver o movimento a partir de elementos interiores à *Gliederung*. Esse desenvolvimento tem precisamente seu ponto de partida no movimento da reflexão que é da lógica da essência. No momento da reflexão ainda não há movimento, ou antes, ainda não há movimento posto, o movimento da reflexão é movimento negado. E por introduzir de um modo acrítico o movimento já no momento da reflexão – que à sua maneira é o único que conhecem – eles são obrigados a pensar o "motor" com certo grau de exterioridade. Lévi-Strauss denuncia corretamente essa exterioridade. Mas o estruturalismo não oferece uma solução satisfatória. É pelo desenvolvimento da lógica da reflexão que se obterá a lógica do Sujeito, como processo que se move a si próprio. Não é portanto na lógica da reflexão (a qual à sua maneira alcançam Hubert e Mauss), mas *para além* dela, e a *partir dela*, que se obtém o automovimento da "estrutura". Com isto não queremos dizer que se deva pensar o juízo mágico como juízo do Sujeito[31]. Mas provavelmente ele pode ser pensado ao mesmo tempo como juízo de Reflexão e como juízo de Devir, em sentido dialético, encerrando *um movimento suprimido efetivo e um movimento posto ilusório*.

V – CONCLUSÃO: DIALÉTICA, ESTRUTURALISMO, PRÉ(PÓS)-ESTRUTURALISMO

Há, assim, um modelo de ciência que pensa o social como uma linguagem e constrói o saber científico à maneira de uma língua (ou das regras de uma língua); há um outro modelo que também pensa o social (ou uma região dele) como linguagem, mas o desdobra num mundo de juízos dialéticos em que o sujeito passa no predicado, e, também, o juízo passa no juízo (Fausto 14, 15 e 17); e um terceiro que não vê no social o análogo de uma linguagem, mas um sistema de ações, que devem ser analisadas em termos de meios e fins. Chegando ao final desse périplo, cujo ponto de partida, não esqueçamos, foram os textos de Marx em que se compara o movimento das mercadorias a uma linguagem (foi a partir de lá que fomos levados a situar a dialética marxiana relativamente a outros modelos de ciência do homem), colocam-se duas ordens de problemas.

a) Falamos de Marx e de Lévi-Strauss, de Weber e de Mauss; referimo-nos tanto às sociedades capitalistas modernas, como às "sociedades simples". Disto resulta a necessidade de, a partir das conside-

---

31. Trata-se do juízo em que o Sujeito por ser um processo autonomizado *não* se reflete no predicado (por exemplo, no quadro da teoria do capital, os juízos "o capital é mercadoria" ou "o capital é dinheiro"). Essa forma é também estranha à lógica do entendimento. Ver a respeito de todas essas formas Fausto 14, 15 e 17.

rações anteriores, também dizer alguma coisa sobre o movimento global da história, mesmo se os limites do que se poderá dizer aqui são evidentes. Ora, para que não se nos acuse de incorrer num erro freqüentemente denunciado, digamos numa fórmula, que *se* os "primitivos" não são sem dúvida nossos antepassados, nossos antepassados foram sem dúvida "primitivos". Nesse sentido, sob certas condições, a teoria dos primitivos pode e deve ser integrada sem vício de método, a uma reflexão geral sobre o processo histórico. E se é assim, para pensar o conjunto da história, Lévi-Strauss e Mauss não são menos importantes do que Weber ou Marx.

b) Nessa linha de idéias, e na medida em que o estruturalismo esteve mais ou menos no centro dessa discussão, conviria tentar algumas observações finais sobre o estruturalismo e sobre a relação dialética/estruturalismo.

***

a) Um dos temas tratados foi o da constituição de um imaginário social – de certo modo um mundo encantado – que duplica o social aparente. Isto se refere às sociedades capitalistas contemporâneas. Mas como conciliar esse tema marxiano com a tese weberiana de que a história, a história moderna em particular, se caracteriza por um progressivo *desencantamento* do mundo? Na realidade, se o movimento da história está marcado, em certo sentido, por um desencantamento, ele se caracteriza ao mesmo tempo por um encantamento. O capitalismo é à sua maneira um mundo encantado.

A noção de encantamento como de desencantamento tem na realidade um duplo sentido, que Weber não parece ter bem destrinchado. Por um lado, "desencantamento" remete a um mundo a-*qualitativo*, no qual desaparecem as diferenças de qualidade. Por outro, ele remete a um mundo de inércia, no qual os objetos *inertes* predominam, em detrimento dos objetos "vivos". Ora, o que caracteriza o capitalismo é o fato de que nele se tem *um desencantamento no primeiro sentido, mas não no segundo*. No mundo capitalista, o a-qualitativo domina efetivamente o qualitativo. Mas *não se trata em absoluto de um universo social no interior do qual as potências "vivas"* (no caso, os "processos-sujeito") *estejam ausentes*. O que caracteriza o capitalismo é precisamente o fato de que nele se tem um *mundo de entidades a-qualitativas mas que se apresentam como análogos de viventes*. Nele há, de certo modo, abstrações "vivas". Em geral, Weber perdeu de vista esse duplo aspecto. Ele só viu o primeiro, a abstração[32]. A sua noção de desencantamento reúne dois aspectos que devem ser separados para que se possa entender o capitalismo, e com ele a direção que tomou até aqui o processo histórico. O capital é na realidade ao mesmo tempo *potência social a-qualitativa e quase-viva*. Esse "quase-vivo" *(como se* vivo) representa o lado objetivo do fetichismo. Como vimos, o fetichismo como ilusão não consiste em transformar o pura e simplesmente inerte em vivo, mas em transformar o social-natural, o "quase-vivo", em vivo. Ao perder de vista, em geral, esse aspecto, o discurso weberiano aparece como um antifetichismo abstrato.

Mas se o capitalismo constitui um mundo encantado, como pensar o sentido do conjunto do processo histórico (incluindo a pré-história)? Uma resposta foi dada acima: passa-se de um mundo encantado qualitativo a um mundo também à sua maneira encantado mas a-qualitativo. Mas essa resposta poderia ser precisada. Um caminho explicativo atravessa a distinção entre sociedade e cultura. Há nos primitivos um encantamento (no duplo sentido da posição de um mundo qualitativo e "vivo") que se processa no interior do mundo da cultura. As religiões modernas vão "reduzir" esse encantamento, no sentido de que ele tomará formas abstratas (não qualitativas ou menos qualitativas), ainda que as suas figuras tenham formas "vivas" e mesmo pessoais. Opera-se, assim, um desencantamento parcial (só num sentido) no interior do mundo da cultura, mais particularmente no da religião. Porém, ao mesmo tempo, há um outro fenômeno: *um investimento do mundo encan-*

---

32. Fernando Haddad observa, entretanto, sempre a partir da leitura habermasiana de Weber, que a propósito da situação contemporânea, retomando uma idéia de Mill, Weber chega a falar em um novo "politeísmo". De novo se coloca a questão da coerência entre certos temas weberianos e os conceitos weberianos fundamentais. E aqui não se tem apenas uma referência ao mecanismo social como nos textos evocados em nota anterior, mas até certo ponto uma referência ao objeto social como quase-vivo. O mínimo que se pode dizer, entretanto, aquém do problema da coerência, é que em Weber não há como em Marx uma rigorosa *apresentação* do tema do social "quase-vivo", isto é, uma rigorosa derivação dele (derivação que, na dialética, é negativa) a partir dos conceitos "fundamentais".

tado (reduzido a só uma das suas dimensões) *no interior do domínio da sociedade*. A diferença entre o pré-capitalismo (incluindo o mundo primitivo) e o capitalismo não está apenas no fato de que o encantamento perde um dos seus registros, conservando o outro (obtendo-se assim a *abstração "viva"*), mas também no fato de que de um encantamento na *cultura* se passa a um encantamento investido na *sociedade*[33]. Vai-se de um fetichismo antropológico a um fetichismo sociológico. Essa passagem está contida no texto bem conhecido de Marx (o qual se refere, é verdade, em geral à diferença entre fetichismo religioso e fetichismo econômico). Se de um lado, "os produtos do *cérebro* humano parecem ser figuras autônomas, dotadas de uma vida própria, mantendo relações entre si e com os homens", de outro, a mesma coisa se passa com "os produtos da mão humana" (Marx 44, p. 86; *idem* 41, p. 83; grifo nosso). Nesse texto se exprime uma "exportação" do fetichismo, de uma região a outra sobre cuja amplitude não se refletiu talvez suficientemente. Surgiu assim uma duplicação do mundo social aparente, duplicação que constituiu uma segunda linguagem. O estruturalismo transforma essa linguagem em língua (em regras de uma língua), o weberismo por sua vez, pelo menos *ex professo*, a *nega* pura e simplesmente como ilusão segregada tanto por certos teóricos como pelo senso comum. Em lugar de uma concepção "lingüística" do social, ele introduz uma concepção pragmática. A dialética pelo contrário leva a sério esse encantamento do mundo. A redução unilateral, abstrata, desse mundo encantado é operação de um entendimento *aufklärer*, que se interverte num anti-*Aufklärung*. O discurso desencantado sobre o objeto encantado é, ele sim, de certo modo, encantado. Acrescentemos ainda o seguinte. Já vimos que sentido tem o encantamento enquanto *ilusão*. Comparando o fetichismo capitalista enquanto *ilusão* e o fetichismo primitivo, também como ilusão, poder-se-ia dizer: da "exportação" do fetichismo da cultura para a sociedade, ou seja, da sua objetivação, resulta uma forma de fetichismo que em certa medida é oposta ao fetichismo das sociedades "primitivas". O "primitivo" faz do natural um sobrenatural. *Ele "sobrenaturaliza" algo que é da ordem natural*. Se considerarmos o mundo do capital como um mundo sobrenatural (quase-natural) – e ele é de fato um mundo social encantado

---

[33]. Sobre cultura e sociedade, ver Lévi-Strauss 38, pp. 26-8.

objetivo – diríamos que o fetichismo como ilusão moderna faz o caminho inverso. *Ele naturaliza o sobrenatural*. No primeiro caso, o natural se transmuta em alguma coisa de ordem "sobre-natural" (também no sentido de que ela se transmuta em alguma coisa cuja única realidade é social), no segundo, tem-se um *objeto* sobrenatural que se transmuta em objeto natural[34].

b) Quanto ao estruturalismo (já que em (a) nos ocupamos sobretudo de Weber), ele ocupou, no século XX, um lugar que é comparável ao da economia clássica nos séculos XVIII e XIX. Nos dois casos, há um discurso que pode ser considerado como *científico*. Discurso realista, que em um e outro caso foi atacado em nome do humanismo, mas que sob muitos aspectos, o científico em todo caso, revelou-se superior ao de seus adversários. Compare-se por exemplo a crítica humanista do "cinismo" de Ricardo ("cinismo" que já em 1844 Marx, sob certo aspecto, apreciava) com as críticas feministas-vulgares que em certa época se endereçavam a Lévi-Strauss, a propósito do tema da circulação de mulheres. Poder-se-ia acrescentar ainda um outro ponto. O estruturalismo nas suas primeiras formas, que são antes manifestações ainda imperfeitas (pensamos em Saussure), tem um teor fortemente convencionalista. A crítica da teoria convencionalista da linguagem por Benveniste, retomada por Lévi-Strauss, tem um interesse muito grande para a dialética. Diríamos que a noção de *social-natural* está virtualmente presente nesses textos críticos. Entretanto pode-se dizer que em geral o horizonte do estruturalismo não é um horizonte crítico, e não o é pelos limites internos da sua lógica, que tentamos descrever. No último volume das *Mitológicas*, Lévi-Strauss tenta incorporar os fluxos que ela banira da ciência, através de uma teoria do ritual. Não comentaremos essa tentativa. Mas talvez seja mesmo a partir de Mauss que se possa obter as melhores sugestões críticas. Um dos pontos centrais do nosso texto foi a teoria do juízo mágico. Mas existem outros elementos. Assim, Lévi-Strauss desmonta a leitura vulgar da idéia de ato social total em Mauss. Se a idéia de ato social total representa a exigência de integrar diferentes regiões do social, ele significa também e mais

---

34. Ver a relação inversa que haveria entre certas anomalias do pensamento infantil e o pensamento mágico do primitivo à qual alude Lévi-Strauss em Lévi-Strauss 40, p. 103. Mas a nossa comparação parte de uma leitura oposta do pensamento mágico.

ainda a integração do indivíduo – e do vivido – à análise do social (ver a respeito, ainda, a *Introduction*...). Dizer que a dialética vai na mesma direção poderia parecer uma banalidade. Mas se analisarmos o primeiro livro d'*O Capital* da maneira mais precisa, veremos que não só há uma exigência geral de integração do vivido, mas que é do aprofundamento mesmo da análise "estrutural" (ou antes, dialética) que nasce alguma coisa que de certo modo reproduz a experiência vivida[35]. Este é também um caminho (na realidade é o mesmo, mas num outro ponto) para pensar tanto o interesse como os limites do método estruturalista. E ainda uma vez, salvo erro, Mauss aparece não só como o Moisés que morreu antes de chegar à terra prometida, segundo a imagem de Lévi-Strauss, mas também como o profeta que viu uma outra terra para além da terra prometida.

---

35. Referimo-nos, em particular, às análises que fizemos, em outro lugar, da interversão das *relações de apropriação,* análises que ultrapassam o momento tratado no corpo deste texto. Ver a respeito Fausto 14 e 15, *passim.*

CRONOLOGIA*

1818
(5 de maio) Karl Marx nasce em Trèves, Prússia renana, filho de Heinrich Marx, advogado judeu liberal, que se convertera ao protestantismo. Os filhos e a mulher também serão batizados, alguns anos depois.

1820
nascimento de Friedrich Engels.

1835-36
estudos de Direito na Universidade de Bonn.

1836-37
continua seus estudos de Direito na Universidade de Berlim. Assiste também a aulas de Filosofia e de História. Freqüenta os círculos de universitários e escritores neo-hegelianos. Escreve versos.

1841
noivado secreto com sua amiga de infância Jenny von Westphalen, que vem de uma família aristocrática. Doutorado em Filosofia pela Universidade de Iena, com a tese *Diferença entre as filosofias da natureza de Demócrito e de Epicuro*.

1842
artigos de jornal, principalmente para a *Gazeta Renana*, da qual se torna diretor em outubro de 1842. Primeiro encontro com Engels.

1843
Marx escreve um comentário de uma parte da *Filosofia do direito* de Hegel, publicado somente no século XX. Casa-se com Jenny von Westphalen. Dos filhos do casal, sobreviverão Jenny, Laura e Eleanor. Marx se instala com a família em Paris.

---

* Utilizamos sobretudo a cronologia de Maximilien Rubel incluída em Marx, *Oeuvres, Économie I*, Paris, Gallimard, Bibliotèque de la Pléiade, 1965; e a cronologia que aparece nos volumes das *Werke*, Berlim, Dietz.

1844

nos *Anais franco-alemães*, que ele edita em Paris com Arnold Ruge, Marx publica "A propósito da questão judaica" e "Contribuição à crítica da *Filosofia do direito de Hegel*. Introdução", textos que assinalam sua passagem da democracia radical ao comunismo. Participa de reuniões com artesãos e operários, e entra em contato com a Liga dos Justos, sociedade secreta revolucionária. Começa a estudar os economistas. Escreve os *Manuscritos econômico-filosóficos de 1844*, publicados no século XX. São textos marcados pelo pensamento de Feuerbach, mas com elementos hegelianos.

1845

Marx instala-se em Bruxelas. Organiza com Engels uma rede de comitês de correspondência comunistas. Viaja com Engels à Inglaterra. Escreve as *Teses sobre Feuerbach* (uma versão modificada por Engels foi publicada no final do século XIX, versão original publicada no século XX). Publicação da *Sagrada família*, contra Bruno Bauer e outros, escrita em colaboração com Engels.

1846

escreve a *Ideologia alemã* em colaboração com Engels, obra que contém uma crítica aos neo-hegelianos e a Max Stirner, expondo a chamada "concepção materialista da História". Texto publicado no século XX.

1847

escreve a *Miséria da filosofia*, contra Proudhon. Primeiro congresso da Liga dos Comunistas.

1848

Manifesto do partido comunista. Volta à Alemanha e começa a publicar a *Nova Gazeta Renana*. Revoluções de 1848.

1849

Trabalho assalariado e capital. Instala-se com a família em Londres, de onde só se ausentará por períodos curtos.

1849-50

artigos sobre a França, republicados mais tarde por Engels sob o título de *As lutas de classes na França*. Marx e Engels escrevem duas circulares para a Liga dos Comunistas sobre problemas de organização, de tática e de estratégia políticas.

1850-51

retomada dos estudos econômicos.

1852

publicação do *Dezoito brumário de Luís Bonaparte*, num jornal de língua alemã editado em Nova York.

1852-62

numerosos artigos para o *New York Tribune* e outros jornais.

1857-58

materiais preparatórios à *Contribuição à crítica da economia política*, publicados no século XX sob o título de *Grundrisse der Kritik der Politischen Ökonomie* (*Esboços de uma crítica da economia política*).

1859

Contribuição à crítica da economia política.

1862-78

redação não terminada dos três livros d'*O Capital* e das *Teorias sobre a mais-valia*. Os livros II e III foram publicados por Engels no final do século. As *Teorias sobre a mais-valia* – o título não é de Marx – foram publicadas por Kautsky, no início do século XX.

1864
fundação da Associação Internacional dos Trabalhadores (Primeira Internacional). Marx redige a Declaração Inaugural e os estatutos da Associação.

1865
duas exposições ao Conselho Central da Internacional publicadas no fim do século XIX sob o título *Trabalho, preço e lucro*.

1867
O Capital, crítica da economia política, Livro I: O processo de produção do Capital, segunda edição alemã publicada em 1873; tradução francesa, em 1872-75.

1870-71
Marx redige a Declaração da Associação Internacional dos Trabalhadores sobre a guerra civil na França (conhecida sob o título de *A guerra civil na França*).

1872
lutas contra os anarquistas no interior da Primeira Internacional. Transferência para Nova York do Conselho Geral da Internacional.

1875
Marx escreve a *Crítica do programa de Gotha*.

1880
escreve notas marginais ao *Manual de economia política* de Alfred Wagner. Morte de Jenny Marx. A filha mais velha, Jenny Longuet, morre em janeiro de 1883.

1883
morte de Marx (14 de março).

1895
morte de Engels.

BIBLIOGRAFIA

1. ARISTÓTELES. *Éthique à Nicomaque*. Trad. francesa de J. Tricot. Paris, Vrin, 1972.
2. _____. *The metaphysics*. Trad. inglesa de Hugh Tredennick. Londres, Cambridge (Massachusetts), William Heinemann Ltd, Harvard University Press, 1947 (bilíngüe).
3. _____. *Metaphysique*. Trad. francesa de J. Tricot, 2 vols. Paris, Vrin, 1974.
4. _____. *Physique*. Texto grego e trad. francesa de H. Carteron, 2 vols. Paris, Les Belles Lettres, 1973.
5. _____. *Politique*. Trad. francesa de J. Tricot. Paris, Vrin, 1989.
6. BENVENISTE, É. *Problèmes de linguistique générale*. Paris, Gallimard (Tel), 1966.
7. DENIS, H. *Logique hégélienne et systèmes économiques*. Paris, Presses Universitaires de France, 1984.
8. DOGNIN, P.-D. *Les "sentiers escarpés" de Karl Marx, le chapitre I du "Capital" traduit et commenté dans trois rédactions successives* (bilíngüe), tomo I. Paris, Les Éditions du Cerf.
9. DOZ, A. "Analyse de la marchandise chez Marx et théorie de la mesure chez Hegel". In: D'HONDT, J. (org.). *La logique de Marx*. Paris, Presses Universitaires de France, 1974.
10. ELSTER, J. *Making sense of Marx*. Cambridge e Paris, Cambridge University Press e Maison des Sciences de l'Homme, 1985.
11. ENCYCLOPAEDIA UNIVERSALIS. Paris, 1989.
12. FAUSTO, R. "Ainda sobre *O Capital* e a *Lógica* de Hegel". In: *Kriterion*. Belo Horizonte, 1994, vol. XXXV, nº 90.
13. _____. "Dialética marxista, historicismo, anti-historicismo". In: DASCAL, M. (org.). *Conhecimento, linguagem, ideologia*. São Paulo, Perspectiva, 1989.
14. _____. *Marx: lógica e política, investigações para uma reconstituição do sentido da dialética*, vol. I. São Paulo, Brasiliense, 1983.

15. _____. *Marx: lógica e política, investigações para uma reconstituição do sentido da dialética*, vol. II. São Paulo, Brasiliense, 1987.
16. _____. *Marx, lógica, história*, tese de livre-docência. São Paulo, Faculdade de Filosofia, Letras e Ciências Humanas da Universidade de São Paulo, 1989.
17. _____. *Sur le concept de capital: idée d'une logique dialectique*. Paris, L'Harmattan, 1996.
18. HEGEL, G.W.F. *Encyclopédie des sciences philosophiques*, I, *La science de la logique*. Trad. francesa de B. Bourgeois. Paris, Vrin, 1970.
19. _____. *Enzyklopädie der philosophischen Wissenschaften im Grundrisse* (1830), Erster Teil. In: *Werke,* 8, Frankfurt am Main, Suhrkamp,1970.
20. _____. *Leçons sur l'histoire de la philosophie*. Trad. francesa de P. Garniron, tomo 3. Paris, Vrin, 1972.
21. _____. *Phänomenologie des Geistes*. Hamburgo, Felix Meiner, 1952.
22. _____. *Phénomenologie de l'esprit*. trad. francesa de G. Jarczyk e P.-J. Labarrière. Paris, Gallimard, 1993.
23. _____. *Science de la logique*, premier tome, livre premier, *L'être*, édition de 1812. Trad. francesa de P.-J. Labarrière e G. Jarczyk. Paris, Aubier-Montaigne, 1972.
24. _____. *Science de la logique*, premier tome, deuxième livre, *La doctrine de l'essence*. Trad. francesa de P.-J. Labarrière e G. Jarczyk. Paris, Aubier-Montaigne, 1976.
25. _____. *Science de la logique*, deuxième tome, *La logique subjective ou doctrine du concept*. Trad. francesa de P.-J. Labarrière e G. Jarczyk. Paris, Aubier-Montaigne, 1981.
26. *La théorie de la mesure*. Trad. francesa de André Doz. Paris, Presses Universitaires de France, 1970.
27. _____. *Vorlesungen über die Geschichte der Philosophie*. In: *Sämtliche Werke,* edição Hermann Glockner. Stuttgart, Frommans Verlag (H. Kurtz), 1927-30, vols. 17,18 e 19.
28. _____. *Wissenschaft der Logik*. Edit. por G. Lasson, Erster Teil. Hamburgo, 1963.
29. _____. *Wissenschaft der Logik*. Edit. por G. Lasson, Zweiter Teil. Hamburgo, 1963.
30. _____. *Wissenschaft der Logik*. Erster Band, erstes Buch, *Das Sein*, ed. de 1812. Göttingen, Vandenhoeck, 1966.
31. HUME, D. *A treatise of human nature*. Londres, Penguin, 1969.
32. KANT, E. *Critique de la faculté de juger*. Trad. francesa de A. Philonenko. Paris, Vrin, 1974.
33. _____. *Kritik der Urteilskraft*. Hamburgo, Meiner, 1959.
34. LÉVI-STRAUSS, C. *Anthropologie structurale*. Paris, Plon, 1974.
35. _____. "Introduction à l'oeuvre de Marcel Mauss". In: MAUSS, M. *Sociologie et anthropologie*.
36. _____. *Mythologiques*, 1, *Le cru et le cuit*. Paris, Plon, 1964.
37. _____. *Mythologiques*, 4, *L'homme nu*. Paris, 1971.
38. _____. *Paroles données*. Paris, Plon, 1984.
39. _____. *Le regard eloigné*. Paris, Plon, 1983.
40. _____. *Les structures élementaires de la parenté*. Paris-Haia, Mouton & Co, 1967 (1947).

41. MARX, K. *Le capital*, livro I. Trad. francesa sob a responsabilidade de J.-P. Lefebvre. Paris, Messidor/Éditions Sociales, 1983.
42. _____. *Contribution à la critique de l'économie politique*. Trad. francesa de M. Husson, Paris. Éditions Sociales, 1957.
43. _____. *Grundrisse der Kritik der politischen Ökonomie*. Berlim, Dietz, 1953.
44. _____. *Das Kapital*, vol. I. In: *Werke*, vol. 23. Berlim, Dietz, 1972.
45. _____. *Zur Kritik der politischen Ökonomie*. In: *Werke*, vol. 13. Berlim, Dietz, 1961.
46. _____. *Manuscrits de 1857-1858*. Trad. francesa sob a responsabilidade de J.-P. Lefebvre. Paris, Éditions Sociales, 1980.
47. _____. Textos da primeira edição d'*O Capital*, ver Dognin.
48. MAUSS, M. *Sociologie et anthropologie*. Paris, Presses Universitaires de France, 1991 (1950).
49. PLATÃO. *République*. In: *Oeuvres Complètes*. Trad. francesa de Léon Robin, tomo I. Paris, NRF, 1950.
50. RICOEUR, P. "Structure et herméneutique". In: *Les conflits des interprétations*. Paris, Seuil, 1969.
51. ROSEN, S. *G.W.F. Hegel – An introduction to the science of wisdom*. New Haven e Londres, Yale University Press, 1974.
52. SAUSSURE, F. de. *Cours de linguistique générale*. Publicado por Charles Bailly e Albert Sechehaye, com a colaboração de Albert Riedlinger, edicão preparada por Tullio di Mauro. Paris, Payot, 1985.
53. TEXIER, J. "A dialética, o homem e o valor segundo R. Fausto". In: *Discurso*. São Paulo, 1990, nº 18.
54. TOMBAZOS, S. *Le temps dans l'analyse économique, les catégories du temps dans 'Le Capital'*. Tese, Universidade de Paris VIII, 1991/1992.
55. WEBER, M. *Économie et société*, tome premier. Trad. francesa sob a direção de Jacques Chavy e Eric de Dampierre. Paris, Plon, 1971.
56. _____. *Essais sur la théorie de la science*. Trad. francesa de Julien Freund. Paris, Plon (Agora), 1992 (1965).
57. _____. *L'éthique protestante et l'esprit du capitalisme*. Paris, Plon (Agora), 1967.
58. _____. *Gesammelte Aufsätze zur Religionssoziologie* I. Tübingen, J.C.B. Mohr (Paul Siebeck), 1988 (1920).
59. _____. *Gesammelte Aufsätze zur Wissenchaftslehre*. Tübingen, J.C.B. Mohr (Paul Siebeck), 1988 (1922).
60. _____. *Wirtschaft und Gesellschaft*, fünfte revidierte Auflage, mit textkritischen Erläuterungen herausgegeben von Johannes Winckelmann, 3 vols., Tübingen, J.C.B. Mohr (Paul Siebeck), 1976.
61. GIANNOTTI, J.A. *As origens da dialética do trabalho*. São Paulo, Difusão Européia do Livro, 1966.

ÍNDICE ONOMÁSTICO

Aristóteles 37, 90, 103, 109, 113, 121, 165

Benveniste 80, 170

Cristo 129

Denis 89-90

Dognin 40, 47, 50, 56-7, 61, 64, 68, 81

Doz 88-89, 98-99

Elster 125

Fausto 6, 37, 48, 50, 55-7, 61-2, 70, 76, 79, 93, 103, 107-9, 122, 131, 137, 145, 166, 171

Giannotti 33

Hegel 34, 37, 39, 43-9, 53-6, 62, 68, 70, 84, 87-90, 97-8, 103, 106-9, 116, 124-5, 135, 153, 158

Hume 135

Kant 54, 136, 156, 158, 160

Lévi-Strauss 138-1, 143-4, 146-7, 153-4, 158-67, 169-71

Marx 34-42, 47-8, 50-9, 61, 64-5, 68-73, 77-82, 84-5, 88-90, 92-7, 99-104, 106, 108-40, 146-9, 151, 153, 163, 166-70

Mauss 138, 146, 153-67, 170-1

Platão 113

Ricoeur 143

Rosen 56

Saussure 80, 145, 170

Tombazos 90

Weber 137-8, 146-53, 166-8, 170

INDICE ONOMASTICO

ÍNDICE REMISSIVO

abstração 34, 46, 50, 69, 80, 106, 138, 140, 145, 162, 164, 169
ação 113, 146-9, 152-4
acidental 36-7, 54, 63, 78, 137
ácidos 89
actus 109
acumulação 123-5, 129
adequado 65, 70, 132, 134, 164
afinidade eletiva 89
agente 73, 130, 153
agrupamento 147
alienação 16, 24-5, 39, 41, 51, 68-77, 81, 83, 86, 88, 93, 95, 102, 113, 121, 127, 129, 135, 143, 169, 182, 193, 198, 204, 216, 237
alternativa 62-3, 66, 93, 149-50
amor 102
analítico 156-7, 160, 163-5
anfibolia 164
antinomia 121-2, 124
antinômico 122, 125
antropologia 138, 140, 143, 153-4
antropologia estrutural 138, 140, 143
antropologização 78-9
aparência 43, 47, 52, 54, 61, 69, 71, 73, 83, 85, 95, 100, 111, 138-9, 142-5
apresentação 33, 46-8, 75-6, 88, 101-3, 112, 114, 139, 149, 168
apropriação 43, 122, 171
arbitrário 79, 113
ato 42, 65, 73, 104-5, 109, 126-7, 130, 140, 142, 145, 154, 156, 160-1, 170-1

Aufklärung 79, 151, 169
autonomia 45, 50, 115, 130

base 37, 44-5, 47-8, 111, 145, 156, 160
Bedürfnisse 122
bônus 93

cabala 99-100
capital 37, 40-4, 46, 50, 75, 90, 93, 104-5, 119, 121, 124-5, 128, 139-40, 143, 149, 151, 166, 168-9
capitalismo 93, 125, 134, 136, 146, 148, 151-2, 167-9
casamento 140, 142, 159
categoria 157-8
cinismo 170
circulação simples 35-6, 39, 41, 76, 78, 90, 107, 121, 129, 139, 143
cobre 112-3, 141
coisa 48, 51, 53, 56, 73, 76-8, 80, 82, 90, 95, 99, 103, 105-9, 112-3, 115, 117, 120, 136, 139, 144, 146, 150-1, 154, 161-2, 165, 167, 169-71
comércio 134
comunidade 69, 132, 134
comunismo 93-4
conceito 46-7, 50-1, 54, 84, 87, 89-90, 103, 105-8, 125, 132, 151-2, 164
congruência 108
conjunção 62, 68
consciência 85, 95
conseqüência 45, 77, 88, 107, 138, 150, 155

conteúdo 33-8, 40-1, 43-8, 50, 76, 78, 81, 83, 100, 116, 120, 136, 151, 160, 162, 164
continuidade 103, 125
contradição 37, 44, 62, 95, 101-5, 108, 123-4, 130, 145
contrato 75-6, 96, 127-8, 130, 159
convencionalismo 75-6, 78, 99
cosmopolitismo 134
credor 129
crise 130-1, 134, 152
crítica 35, 38, 76, 85, 88-9, 93, 102, 109, 112, 125, 131, 133, 135-6, 138, 146, 149-50, 153-4, 158-60, 165, 170
definição 47, 50-1, 151, 156, 165
densidade 103
desencantamento 146, 167-8
determinação 34-6, 39, 46, 50-3, 60, 70, 77, 79, 81-2, 90-1, 94, 96, 98, 102-3, 105, 109, 126, 136, 140, 162
determinante 45, 132, 143
devedor 127, 129
devir 47, 49-51, 55, 98, 102-5, 107, 119-20, 163-4, 166
dialética 33-4, 36-9, 41, 43, 45-9, 62-3, 68, 74-6, 78-80, 84, 87-8, 97-8, 101, 107-9, 115, 120, 130, 133, 135, 137-9, 141, 145-51, 153, 157-8, 162, 165-71
dinheiro 36, 39-43, 45-7, 53-4, 57-60, 65, 67-73, 75-82, 87-95, 99-137, 152, 163, 166
dinheiro mundial 133
disjunção 61-3, 68, 130
dom 154, 158-60, 162
dýnamis 154, 165

economia 34-5, 56, 88, 93, 102, 112, 123, 134, 151, 170
encantamento 146, 152, 167-9
enérgeia 109
energia 38, 90, 109, 159
entendimento 39, 50, 78, 100, 107-9, 132, 150, 153, 157, 165-6, 169
espaço 42, 63, 111, 132, 135, 147
essência 33-4, 37, 41, 43-4, 46-50, 54, 61, 63, 69, 73, 78, 83-4, 87-8, 97-8, 103, 105, 107, 109, 120, 125, 138-9, 143-6, 154, 165

estalão 96-100, 110-1, 116, 131
estrutura 46, 138-40, 142-5, 148-51, 159-61, 165-6
estruturalismo 80, 137-9, 143, 145-7, 149-51, 153, 158, 163, 166-7, 169-70
éthos 148
euclidiano 63
existência 38, 39, 47, 63, 83, 87, 92, 94, 111-5, 118-9, 124, 126-7, 129, 132, 135, 150, 160
experiência 156-7, 159, 171
exploração 43
expoente 94-5
extenso 123
exteriorização 98-9, 101, 128
externo 146
extraneação 82-3
fenômeno 63, 69, 94, 136, 143, 159, 168
fetichismo 74-6, 78-9, 123, 134, 168-70
fim 35, 38, 41, 120, 124-5, 129-30, 133, 142, 152, 153
fim em si 120, 125, 129-30, 152
finalidade 33-8, 41, 48, 90, 120, 129, 152
finito 100, 106, 119, 122, 125
física 34, 85, 90, 108, 147
fluidez 163
fluxo 121, 145-6, 153
forma 33-61, 63-78, 80-1, 83-5, 87-95, 99-109, 110, 112-4, 116, 118-24, 126, 128-35, 137-8, 141-2, 147, 152-3, 155, 157-60, 163-6, 169
forma desenvolvida 68
forma do valor 36, 38-9, 42, 45-7, 49, 51, 55-6, 64, 68, 74-5, 77, 80-1, 87-8, 94, 99-101, 113, 116, 126, 137
forma equivalente 51-4, 57-60, 67, 69-71, 73, 76-8, 91, 101, 103, 163
forma relativa 51-2, 54, 57-60, 67-73, 76-8, 94, 103
forma simples 51, 54-5
forma total 67
forma universal 40, 64, 67, 71
fundado 37, 44-5, 83, 94-5
fundamento 34, 36-7, 43-6, 48, 83, 94-5, 125

gênese 39, 75, 78-9, 87, 163
gozo 122-3, 152

hegeliano 43, 47, 109
hieróglifo 84, 99
história 43, 85, 87, 138, 146-7, 153, 159, 167-8

idéia 35, 37, 58, 60, 79, 82, 88, 93, 108-9, 121-2, 134-9, 145, 149, 152-60, 163-5, 168, 170
identidade 44-5, 50, 55, 62, 65, 68-9, 106-7, 141, 145, 157, 161, 164
igualdade 37, 62, 85, 92, 139
ilusão 73-4, 76-9, 85, 97, 168-70
imaginário 94, 167
incesto 140
incongruência 94-5
inconsciente 85, 138-40, 142-4, 146, 151, 157-1, 164-5
indústria 134
inércia 75, 148-9, 167
infinito 61, 64, 69, 100, 106, 113, 119, 122-5
instituição 140, 148
intencional 38, 59
intervenção 34, 96, 112, 156
inversão 55, 57, 59, 64, 66-8, 115-6, 124, 140, 143

juízo 41, 54-6, 106-7, 138, 146, 153-8, 160-6, 170
jurisprudência 129

lei 34, 94, 96, 109-10, 113, 141-3, 145, 156
limite 115, 121, 124, 148
língua 56, 79-80, 82, 84, 99, 110, 144-5, 147, 149-50, 166, 169
linguagem 55-6, 79-85, 87, 99-100, 110, 114, 116, 134, 137-9, 144-7, 149, 153, 155, 158, 160-1, 163, 166, 169-70
livre-câmbio 77
lógica 34, 39, 43, 47-50, 54, 61-3, 71, 84, 87-90, 97-9, 105-8, 120, 138, 149, 153, 156-8, 161-6, 170
lógico 58, 84, 87, 106, 132, 163
lucro 151-2

mágico 154-7, 160-4, 166, 170
mana 154-7, 159-63, 165
mártir 122, 129
marxista 48, 89
matemática 95, 108

Matéria 33, 42
matéria 33-6, 38-50, 65, 70-1, 76, 81, 83, 97, 109, 116, 120, 123
material 33-6, 38-9, 41-2, 47-8, 58, 65, 72, 92, 97, 102, 104, 111-5, 117, 120, 122, 124, 142
média 94
mediação 35, 39, 41, 44, 46, 50, 97, 102, 104, 121
medida 35, 39-41, 43-4, 49, 54, 56-7, 59-60, 66-7, 72-3, 78, 84-5, 87-92, 94-101, 105, 110-1, 113-21, 123-5, 127-8, 132, 136, 144, 150, 158, 162-3, 167, 169
meio de circulação 113, 119, 133
meio de pagamento 125-8, 130, 133
mensurado 93, 95, 97-8
mensurante 90-1, 93-4, 97
mensurável 90, 98
mercado 132-6
mercadoria 34, 36, 39-41, 43, 46-7, 50-1, 55-60, 64-5, 67-73, 76-7, 79-82, 88-95, 101-7, 109, 112, 114-5, 118-24, 126-30, 132-4, 136, 138, 140, 166
metafísica 103
metafísica 165
metáfora 113
metal 40, 71, 110-3, 122, 131-2
metamorfose 41, 102, 115, 117, 120, 126, 128, 129-30
metonímia 113
mito 141-2, 144
moeda 93, 109-20, 126, 128, 130-1, 133-4
morte 98, 155, 159
movimento 35-8, 40-3, 45, 47, 49-51, 55, 58, 73, 78, 87, 90, 95, 98, 100-8, 115, 117, 119-22, 124-6, 130, 132, 139, 142-5, 151, 163-7
mundo 56, 92, 111, 116, 124, 131-2, 135-6, 143, 146, 151-2, 166-9
nada 47-51, 55, 60, 80, 93, 98-9, 109, 136, 139, 143-4, 158, 160-1, 164
nascimento 98, 125, 159
natural 34-5, 38-40, 43, 50-1, 71, 77-9, 87-8, 95-7, 99, 110-1, 113, 117, 120, 123, 128, 132, 142, 146, 168-70
necessário 47, 63, 78, 94, 129, 133, 159
negação 34, 47, 49, 55, 61, 63-4, 66, 69, 75, 78, 97-8, 101, 103, 105, 107, 109, 130-1, 136, 163

nemo 97
neutralização 41
nome 96-7, 99-100, 109-11, 114, 170
nómisma 113
nómos 113
número 90, 100, 109, 115, 149, 159

objetivação 47, 55-6, 72, 153, 169
objetivar 47, 58
oposição 37, 42, 44, 46, 51, 67, 69, 76, 83, 94-5, 101, 103-4, 109, 117, 126, 129, 134, 141-2, 145
oral 144-5
ouro 40, 43, 65, 70, 89, 91-2, 94, 96-7, 99-102, 104, 110-21, 123, 131-5

papel-moeda 93, 112-7, 128, 133
parentesco 108, 140, 144, 162
passar 39, 49-50, 83, 84, 90, 98, 107, 165
pensamento 56, 80-2, 84-5, 121, 138, 152, 158-62, 165, 170
peso 96-7, 99, 110-2, 131-2, 143-4, 152
phorá 102
phýsis 165
pluralidade 39-40, 58, 60, 65, 147
pólo 45, 57, 77-8, 89-91, 130
posição 37, 39-40, 43-5, 47, 49, 60-4, 66, 68, 70-1, 75, 84, 88, 93-4, 96-8, 101-2, 104-9, 118, 128, 130, 136, 143, 146, 151, 162, 164, 168
posicionante 45
potência 42-3, 95, 105, 109, 120, 160, 168
potentia 109
prata 43, 65, 70, 89, 111-3, 118-21, 132-4
preço 40, 65, 71, 77-8, 81-2, 92, 94-7, 100-2, 104, 109-1, 114, 116-7, 126-8, 134
premissa 107
pressuposição 45, 53, 62-3, 78, 104-5, 109, 147
primitivo 111, 150, 169-70
processo 34-5, 41, 43, 47-8, 54, 57, 59, 66, 73, 75, 88, 92, 101-4, 106-7, 109-15, 120-1, 124, 126, 128-30, 143, 150-1, 166-8
psicologia 80, 155, 161-2, 165

qualidade 49-50, 53-4, 61, 70-1, 77-9, 88-91, 97, 123-5, 154, 159, 167

quantidade 71, 78, 88, 90-1, 97-8, 116-8, 120, 123, 159
quantum 51-3, 70-1, 89-92, 96, 98, 111, 125
quase-natural 78, 169
quase-necessidade 78
química 88-9, 96, 134

racionalismo 160, 165
raiz 95
razão 62, 73, 134-5, 154-5, 158, 165
realização 36, 40, 105, 109, 121, 128, 130, 142
redução 34, 36-7, 43, 52, 69, 90, 143-5, 148-9, 151-2, 156, 159, 169
refletor 39, 51, 58
reflexão 43, 45, 50-1, 53, 55, 58, 70, 77, 79, 88, 93, 98, 105, 107, 119-20, 128, 132, 139, 143, 163-7
regularidade 150
relação 33, 35-6, 39, 43, 45-6, 48, 50-64, 68-70, 72-3, 75-85, 88-92, 94-9, 103-9, 112-3, 116-8, 122, 125, 128-31, 133-5, 137, 140-6, 148-51, 153, 157, 167, 170
relação jurídica 128
religião 123, 129, 168
repouso 115
representação 62, 92-3, 97, 106, 110, 112, 114, 155, 157-8
representante 116, 124, 126-7
reprodução 35, 76, 164
revelação 73
riqueza 34-6, 38, 40, 93, 111, 120-4, 133, 149, 152, 164

sentido 33-4, 36, 38, 42-4, 47, 53, 55, 58, 60, 62-3, 66, 73, 76-9, 82, 84, 88-91, 95-100, 102-3, 106-8, 111, 113, 120-3, 125, 128-9, 131, 133, 142-5, 147, 150-1, 153, 158, 163, 165-70
ser-aí 90, 98, 119, 125, 129
significado 55, 57, 60, 81-4, 100, 112, 114, 116, 160
significante 84, 112, 114, 116, 160
signo 55, 100, 112, 116-7, 128, 131, 163
silogismo 106-8
simbolização 112-3, 115, 118, 121, 128, 164

símbolo 61-2, 107, 111-4, 118, 128-30, 132, 160
singular 54, 65, 69, 71-2, 89, 103, 106, 129, 147, 152
sintético 156-7, 160, 163-5
sistema 33, 35, 56, 78, 88, 133-4, 140, 142, 144-5, 149-50, 152, 159-60, 166
social 67, 73, 76-82, 85, 87-8, 94-7, 99, 110, 113, 120, 122-3, 128, 130, 132-3, 138-9, 145-50, 153-5, 157-60, 162-3, 166-71
subjetivar 151
subjetivo 42, 47, 56-7, 59-60
sublime 56, 135-6
substância 33, 35-6, 38-46, 90, 97, 103, 109, 111-3, 118, 154
Sujeito 33, 41-3, 45, 51, 104, 115, 121, 151, 166
sujeito 42, 55, 60, 103, 107-8, 110, 115, 119, 125, 140, 143, 151, 157, 163-4, 166-7
suporte 76, 115, 130, 133
supressão 35, 48-9, 78, 89, 98

tautologia 107
técnica 37, 158
tempo 42-3, 46-7, 54-5, 67, 72-3, 80, 83-4, 89-93, 95, 97-104, 109, 111, 117-8, 120-1, 123-4, 126, 130, 132, 135-6, 144-5, 149, 154, 160, 163-4, 166-8
tesouro 119-21, 123-7, 129-31, 133, 141
tipo ideal 152
totalidade 40-1, 62, 137, 142-3, 145
trabalho 34-5, 37-8, 40-7, 50-3, 55-6, 69-70, 79, 83, 85, 89-95, 116, 120, 123-4, 143, 145, 152, 160
trabalho abstrato 37-8, 41, 43, 46-7, 52-3, 89-91, 145
tradução 34, 62, 80, 82-4, 98, 109, 149
traduzir 84, 161
transcendental 54, 78, 85, 158, 163
transubstanciação 102
troca 35-7, 39-44, 46-7, 49, 51, 56-7, 60, 64-5, 67, 69, 73, 75, 77-9, 81-4, 88-90, 92, 94, 101-2, 104-7, 109, 113-6, 118, 120-4, 126-9, 132-4, 143, 153, 159
unidade 38-9, 44-7, 49-50, 54, 56, 58, 60, 69-70, 83-4, 88-90, 95-9, 104, 119, 122, 125, 133, 139, 147, 161

universalidade 42, 63, 65, 69, 71, 89, 100, 106, 122, 124, 135

valor 33-60, 63-85, 87-106, 109-24, 126-33, 135-8, 143, 145
valor de troca 36, 37, 39-44, 46-7, 49, 51, 56, 77, 79, 81-4, 88, 90, 92, 102, 104-5, 109, 114-6, 118, 120-4, 127-9, 143
valor de uso 34-6, 38-42, 48, 50-3, 56-7, 59-60, 67, 70-3, 83, 85, 91-2, 101-6, 109, 122, 127, 129, 133, 138
velocidade 111, 116

Sobre o Autor

Ruy Fausto nasceu em São Paulo em 1935. Licenciado em Filosofia e bacharel em Direito, concluiu seu Doutorado de Terceiro Ciclo em 1981 e o Doutorado de Estado em 1988, ambos pela Universidade de Paris I (Sorbonne-Panthéon). Tornou-se livre-docente pela USP em 1989. Ex-professor adjunto do Departamento de Filosofia da USP, é atualmente "maître de conférences" na Universidade de Paris VIII (Vincennes-St. Denis). É autor de Marx: lógica e política, investigações para uma reconstituição do sentido da dialética I e II, publicados pela editora Brasiliense em 1983 e 1987, respectivamente (o primeiro volume foi publicado em francês em 1986). Escreveu ainda Sur le concept de capital: idée d'une logique dialectique (Paris, l'Harmattan, 1996), além de Dialectique marxienne, dialectique hégélienne: Le Capital et la Logique de Hegel (Paris, l'Harmattan, no prelo). É também autor de artigos em revistas brasileiras e francesas.

COLEÇÃO OFICINA DE FILOSOFIA
Direção: Marilena Chaui

Títulos Publicados

1. Luiz Damon Santos Moutinho
   Sartre: psicologia e fenomenologia
   Prefácio de Bento Prado Júnior

2. Fernando Cesar Teixeira França
   Criação e dialética: o pensamento histórico-político de Cornelius Castoriadis
   Prefácio de Sérgio Cardoso

Impressão e Acabamento
Oesp Gráfica S.A. (Com Filmes Fornecidos Pelo Editor)
Depto. Comercial: Alameda Araguaia, 1.901 - Barueri - Tamboré
Tel. 7295 - 1805   Fax: 7295 - 1384